子育てがみるみる楽しくなる魔法の「ほめポイント」

齋藤正志 著

セルバ出版

はじめに

私は、いまは心理カウンセラーの仕事をしています。それ以前の25年間は小学校の教員をしていました。25年の間には、いろいろなお子さんがいました。

例えば、あるとき、受け持ったクラスに、授業に集中できない生徒がいました。その子は授業が始まると、「つまんねえ」と言って自分の席を離れ、勝手に読書を始めてしまいます。叱ると今度は、教室を飛び出して行ってしまいます。

あなたなら こんなお子さんがいたら「どうほめますか？」

「ほめるなんてできない」、「叱りつけるだけだ」「そういう子は放っておくしかない」と、そう思われるかもしれません。

もし、そのお子さんがあなたのお子さんなら、あなたは、どうほめるでしょうか。

「ほめられるところなんてない。どうしょうもない子どもだ」というようなお子さんでも、実は、ほめるポイントがあるのです。

しかも、「どうしょうもない」と思われていたお子さんが「自分で勉強するようになった！」「学校に行けるようになった！」「授業に積極的になった！」「自分に自信がもてるようになった」という「ほめるポイント」略して「ほめポイント」があります。

いま、社会で問題になっている「学級崩壊」もほめポイントで実際に解決した事例があります。

ほめポイントの出番はここ！

25年の教師経験からもカウンセラー経験からもいえるのは、「叱っても効果はない」ということです。また、単に「ほめて育てろ」でもダメなのです。

ほめ方には重要なポイントがあるのです。

先にあげた「つまんねぇ」といって授業をボイコットしてしまった子も、実はほめポイントを活用した結果、授業に取り組んでくれるようになったのです。本書には、いろいろなケースでのほめポイントを紹介していますので、是非実践してみてください。

授業だけでなく、忘れ物がなくなった、不登校のお子さんが学校に来てくれるようになった、子どもが進んで手伝いをしてくれるようになった、勉強に熱心に取り組むようになったなどなど、実際のほめポイント事例を次の5つのポイントに分けて具体的、ケース別に紹介しました。

1　ほめ方を外さずに子どもを伸ばす正しいほめポイントとは
2　どんな子どもにもあるほめポイント発見法
3　忙しい朝に使えるほめポイント
4　勉強や友達関係で悩んでいるときのほめポイント
5　しつけで叱らないで済むほめポイント

「うちの子も叱られてばかりでなく、楽しくすくすく大きくなってほしい」
「ついつい叱ってばかりで、自分でも嫌になってしまう。何かいい方法はないか」
と思っているあなたも、きょうからご家庭でも実践できますので、ぜひご活用ください。

今日から、できることからはじめよう

まずは「これはできそうだ」と思うことを1つ実践してください。もちろん、完璧である必要はありません。よくある〝ほめて育てる論〟の落とし穴も序章で書きましたので、参考になれば幸いです。

実は偉そうなことを言っていますが、私も25年間悩み続けた一人です。告白しますが、私は「怒ってばかりのダメ先生」だったのです。そんなダメ教師が、あることがきっかけで気づき発見したのがこのほめポイント法です。

あなたは25年も悩む必要はありません。まずはきょうから1つ実践してみてください。段々上手になり、子どもさんも変化がでてきます。少しでも多くの方が、本書を通して、家族の笑顔が絶えない明るい、楽しい家庭になっていくことを心より願っています。

また、ほめられて、自分に自信がもてるお子さんが沢山増えたら私にとって何よりの喜びです。結果、子どもたちの未来が、もっと明るくなることに役立てれば、これ以上の喜びはないと思います。

平成25年2月

齋藤　正志

子育てがみるみる楽しくなる魔法の「ほめポイント」 目次

2章　どんな子どもにもあるほめポイント

3章　忙しい朝はこれ！　ほめポイント（ケース別）

4章　勉強や友達関係で悩んでいるときのほめポイント（ケース別）

5章 しつけなくっちゃと思ったときの叱らないで済むほめポイント（ケース別）

序章

よくある「ほめて育てる論」の落とし穴

1　叱っても、ほめても、本当の解決にはならない理由

ナオキのケース

このケースは教員時代のもので、ほめポイントに気づいた頃のエピソードです。

はじめにとりあげた授業に集中できないお子さんですが、怒ってばかりの私は、あるとき、本を読んでいる彼に向かい、

「ナオキ（仮名）！　いい加減にしなさい。席に戻りなさい」

ときつく注意しました。

するとナオキは、席には戻りましたが、その直後、読みかけの本を机の上に叩きつけました。

周囲の子ども達に緊張が走りました。そして、「ざけんなよ」と言いながら、ランドセルを引きずってきて帰り支度を始めたのです。

帰り支度をする間も、「ざけんなよ」と言い続けています。

私は更に、「何やってんだ！」と追い打ちをかけました。

「ざけんなよ」……

こうなっては、何を言ってもダメです。とうとう、ナオキは教室を飛び出して行きました。

私は急いで追いかけ、ナオキの腕をつかんで職員室に連れて行きました。

「教室に子ども達がいるので、すみません、ちょっとみてもらえますか」と他の先生に頼んで教室に戻りました。

ナオキの場合は、叱ることで、解決どころか問題が大きくなってしまったのです。

ここでほめたら学級崩壊する

例えば、勝手に読書を始めたナオキに向かって、「集中して本が読めるね」とほめていたらどうなると思いますか？

本を読んでいることをほめた瞬間。周りの子ども達が（やりたくないなら、好きなことをしていいいんだ）と思ってしまうのです。そうなると、各々が勝手なことを始め、学級崩壊へと転げ落ちていくことになります。

私は実際にそういう教室を何度も観たことがあります。ここは何としても、ナオキを席に戻して、授業に参加してもらう必要があります。しかし、怒っても問題は解決しないのです。叱ってもダメ。ほめてもダメというわけです。

問題の棚上げは、学級崩壊への道

仕方がないので、触らぬ神にたたりなしと、ナオキを放っておいたとしましょう。これはよく学校であることです。対応できない先生が、その子どもを無視してしまうケースはよくあります。そして、これも最悪の結果の引き金になるのです。やはり学級崩壊です。

私は、長年の教師生活で、問題を棚上げした結果として学級崩壊したクラスをたくさん見てきました。教室の中は無法地帯。何でもありです。

授業中であるにもかかわらず、教室の後ろにたむろして雑談をしているグループ。寝ころんでマンガを読んでいる子。席に座ってはいるが、うつ伏して何もしない子。担任が注意すると「うっせえ。あっち行け」と暴言を吐く子。それらの教室はまさに無法地帯です。

ナオキを変えた「ほめポイント」

ナオキが教室を飛び出してから数日後、私はナオキを観察した後、「ナオキ、ちょっとおいで」と読書コーナーにいた彼を呼びました。

どうせ怒られるんだろという表情で、ナオキは私のもとへやってきました。

私はナオキに向き直って、こう言いました。

「先生は、今までナオキのことを、授業をちゃんとやらない、しょうがない子だと思っていた。でも、いま見ていたら、違うってことがわかったんだ。ナオキは、授業が始まってから5分も集中して取り組んでいたよ。これは凄いことだなと先生は思ったんだ。いままで授業をちゃんとやらないなんて思い込んでた。気がつかなくてごめんな。それが言いたかったんだよ」

と伝えました。

これが「ほめポイント法」です。

「え？　単にほめただけじゃないの？」と思われるかもしれません。

例えば、子どもに「ピアノが上手だね」というようなほめ方はよくあると思うんですが、実はこのほめ方では子どもは伸びないのです。

ましてや、ナオキには全く効果がありません。「読書が好きなんだね」といってしまえば「授業中も本を読んでいいんだな」と思われてしまいます。そして、学級崩壊するでしょう。

例えば、ほめられないようなことばかりする子がいたとします。その問題が100個あったとして、その100個を棚上げして、何か別の「1」をほめる。これでは効果はないのです。

例外をみつけて例外についてほめる

では、ほめポイントではどのようにしたのかというと、例外をみつけてその例外についてほめたのです。

「例外をみつける？　齋藤さん、難しくてよくわからないです」と思われたかもしれません。後から解説しますので、少し読み進めてください。

この声かけの後、ナオキは授業に集中するようになったのです。

叱ってもダメ、ほめてもダメ、棚上げしたら尚更ダメなナオキの（授業に集中できないという問題）の中から、例外、この場合（集中していた5分間）を拾い出して、ナオキにそれを「伝えた」――これが「例外」をほめるということなのです。これは、ほめポイントの基本の1つです。

「問題の中から例外を見つけてほめる」

あなたに、ほめポイントマスターになっていただくための、1番のキーポイントです。

2 「ほめて育てる」だけでは弊害もある

学校に行きたくない

「学校に行きたくないって言ってるんですが、どうしたらいいですか?」

現在、カウンセラーの私の元には、こういう相談が、この頃増えています。親御さんにくわしくお伺いすると、お子さんが学校で、嫌なことを言われた場合が多くあります。

例えば、「誰から、どんなことを言われたのですか」と尋ねると、担任の先生から、「もっとちゃんと踊りなさい」と叱られたというような答えが返ってきます。

ある女子児童は、運動会のダンス練習があり、腕がぴーんと伸びていないのを指摘されたのですが、担任の先生は、そのお子さんだけを注意されたのではないのに、その児童は「絶対行かない」と言いはじめたのです。困ったお母さんが私にカウンセリングを申し込みました。

実は、こういう相談は、近年、目立つようになりました。

何度か面談を重ねるうちに、親御さんはこんなお話をされました。

「うちでは、あの子に対して、大きな声を出したことがないです! 子どもって、ほめて育てることが大事だと思うんですよ。あの(担任の)先生みたいに、大きな声で叱られると、うちの子みたいな子は、萎縮しちゃうと思うんです」

「はじめて、大きな声で叱られたわけですね？」

「ええ。（担任の）先生は教育者なんですから、もっとひとりひとりのいいところをほめてほしいです」

「先生は怒るのが多くて、あまりほめたりされないのですか？」

「…う～ん。なんか、ほめてもいるみたいですけど。…叱られる印象が強いんでしょうね」

「恐いっていう印象が強く残っているかもしれないですね」

「学校に行きたくない！」の2つの原因

学校に行きたくないという代表的なタイプにはおおよそ2つのタイプがあります。

1つは、人間関係が築けなくて自分の中に引きこもってしまうタイプです。もう1つは、「こだわりが強い」「落ち着きがない」等の理由から、クラスの中で孤立してしまうタイプです。

例えば、この相談事例の女子児童、ミホ（仮名）さんは、前者の人間関係が築きにくいタイプで、叱られたことで担任との関係が崩れてしまったケースです。

私は面接室でミホさんと会うことにしました。そこで、人間関係の修復のためにやったことがあります。それは、ミホさんと一緒に遊ぶことなのです。ミホさんは、はじめは黙ってお絵かきをしていて、声をかけても、短い応えが返ってくるだけでしたが、私は、風船を膨らまし、挟んだ指をゆるめました。すると、

「ぶぶぶぶぶ～」と鳴りました。

ミホさんは、「ふふ」と笑いました。

もう一度繰り返すと、ミホは大きな声で笑いました。

「おもしろい？　おならみたいだね」

「うん。おもしろい」

「これで、風船バレー、やる？」

「やる」

さあ、面接室は大騒ぎになります。ミホさんと私の笑い声が部屋の外まで聞こえるほど大騒ぎです。面接室から出たミホさんを見た親御さんは「こんな明るいミホを見たのは久しぶりです」とおっしゃいました。次の日から、ミホさんは登校しました。

渡る世間には、鬼も仏もいる

帰りがけの親御さんに、私は、こんな話を付け加えました。

「これから、ミホさんが歩んでいく人生には、ほめてくれる人ばかりじゃないし、怒る人ばかりでもないと思うんですよ。だから、いまのうちから、いろいろな人と出会って、いろいろな気持ちを味わっておくことは実は子どもの成長や人格形成にとっても意味があることなんです。注意されたり、怒られたりしたこともなく成長したお子さんは、勤め先の上司や先輩、学校の先生の一言でポキッと折れてしまう大人になってしまうことも少なくないんですよ」

3　「いいところが1つもない？」

ほめて育てる論の落とし穴

私もほめて育てる論については、大論は賛成です。しかし、それは正しく行われた場合という条件がつきます。

現在の社会で認識されている「ほめて育てる」には落とし穴があると思います。実際、社会人になってミホさんのケースと同じようなことが大人の社会の中には沢山あり、現実にも起こっています。社会人になってから心が折れて会社を突然やめてしまう、あるいは最悪の場合、自ら命を絶ってしまうようなケースも報道されています。

一般的に認識されているほめて育てる論は、ひとりひとりの子どものいいところをほめて育てるやり方なのですが、問題なのは「いいところ」が何を指しているのかということです。

多くの方がいう「いいところ」とは、個々の親御さんや教育者がよいと考えているもの（物差し）を指している場合が多いのではないでしょうか。そして、その物差しに当てはまる子どもだけが、まわりの大人達から山ほどほめられて成長していきます。

しかし、親御さんや教育者から、「この子は、物差しに当てはまるものがない」と判断されれば、その子どもさんは、いいところが1つもない子になり、まわりの大人達から「問題のある子」として扱われます。

また、「いいところ」として大人に認識されていることをひたすらやり続けた結果が必ずしもいいかどうかは後になってみないとわからない場合も多々あります。

「お前は何をやってもダメだ」と言われた生徒

ある中学生がいました。

「お前は、何をやってもダメだな」

と教師から言われたのです。

下を向いて悔しさに耐えている生徒の目から涙がこぼれました。

その教師の「物差し」から見たら、その生徒にはいいところが1つもない生徒に思えたのでしょう。確かに、勉強は苦手、運動もダメ、落ち着きがなく、何をしても長続きしない冴えない子どもでした。

おそらく、その教師にとってその生徒はほめて育てる＝ほめられる物差しにあてはまらなかったのかもしれません。

実は、この生徒というのは中学生の私なのです。

このように、ほめて育てる論の影には、物差しにあてはまらない生徒は叱る、あるいは棚上げしてしまうしかないという構造性があるかもしれません。その影には、悔しい思いをし、自信を無くしていく子どもも生み出している構造性があるのではないのかなと私は思っています。

ひとりでもそういうお子さんが減って自信をもって自分の花を咲かせてもらいたいと思います。中学生の私もとても悲しかったですからね。

賞状を渡して、子どもを救ってあげる？

もう1つ「ほめて育てる」の影に、学校現場でよく聞く言葉で、私がとても悲しく感じるものがあります。

「ミエコ（仮名）は、絵もダメ（絵画部門で賞状が出せない）、習字もダメ、陸上もダメ。救ってやる方法が一個もないよ」というようなセリフです。

親御さんの中にも、「うちの子は、いいとこなんかないですよ」と言われる方がいらっしゃいます。

要するに、教育者がよいと考えている「いいところ」（物差し）を探すやり方だと、「いいとこがない」と判断される場合も多くあるはずです。すると、いいところがない子どもが沢山生まれてしまうことになります。

賞状で救ってあげるというセリフも、ほめて育てる論の延長線上で発せられた悲しい言葉だと思うのです。勿論がんばって表彰される。これは素晴らしいことなのです。良いことだと思います。本人ががんばったのだから表彰されて当然です。

しかし、「救ってやる方法」というような考えで表彰しようというのは子どもをどこかバカにしていると思います。

このように一般的に認識されている「ほめる」という方法の裏返しは「大人の基準」のほめる場合が多いのも事実です。

ほめポイント法は実は「いいところを探さない」

ほめて育てる方法に対し、ほめポイント法は、子どものいいところを探してほめるのでは実はありません。

・お前は忘れ物ばかりしている。
・ノートの文字がぐちゃぐちゃだ。
・朝になると「学校に行きたくない」とぐずる。
・授業をボイコットしてしまう。
・宿題をしない。
・習い事が続かない。

などなど

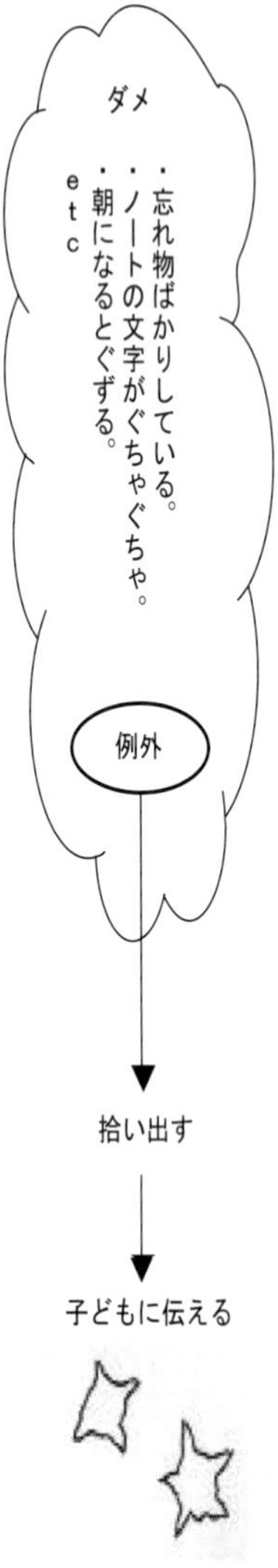

例外（できていること）を拾い出す

「問題」といわれているそれ自体の中から、例外（できていること）を拾い出し、その事実をお子さんに「これって凄いね」と伝える方法なのです。いいところを探すのではなく「事実としてできているところ」を子どもにも認識させてあげるのです。

例えば、ここであなたに質問ですが、「自分」と思っている自分は本当に自分でしょうか？

お子さんやお友達と一度やってみればいいですが。

「○○さんのいいところ」だけを複数の人で言ってあげます。

大事なのは「だけどここを直したほうがいい」とか「でも、こうだ」と言わないで、んはここがいいと思うこと」を事実としていいところを複数の人が言ってあげるという実習です。「○○さ

やってみればわかりますが、あなたが「その人はこういう人だ」と思っているその人の見え方が一瞬で変わりはじめます。

「え・・○○さんってそんな凄いことやってるの」

「え・・そんな人だったんだ」と、その人に対する認識が変わるのです。

同時にあなたもそのグループ全員から「あなたのいいところ」を言ってもらうと「え・・私はそんなふうに良く思ってもらえてたんだ」とか「私ってそういうふうにみてもらえてたんだ」と「自分」への認識が変わります。

これはあなたのお子さんや生徒さんにとっても同じことがいえます。

ほめポイントは、親御さんや教育者が、ダメだ、直らない、と他人や本人が思っている中から、できていることを拾い出すのです。

例えるならば、元々美しかったのにゴミだらけにされた海岸から、元々そこにある、美しい星の砂を見出すようなものです。元々あるのですから、必ずあるのです。

4 「たった2分の集中」をほめたら、信じられないことが起きた

図工なんか、やる意味ない！

図工が嫌いなエイタ（仮名）がいました。授業が始まって少しすると、

「こんなの、何の意味があるんだよ！」

と言い、配られた画用紙を放り投げてしまいます。そして、家から持ってきた漫画を出して読み始めました。このお子さんも、叱ると教室を飛び出していくことがあります。

あるとき、例外を拾い出すため、図工の時間にエイタの観察をしました。このときの教材は砂絵でした。真っ白な紙に下絵を描き、下絵の上に糊をつけ、好きな色の砂をふりかけて作品をつくります。ひと通り説明した後、

「この時間は、画用紙に下絵を描くよ。何でもいいからね」

と言い、はじめの合図をしました。同時に、エイタの観察も始めました。すると、2分ほど鉛筆を動かした後、

「ああ～、やだ！　なんで、こんなのやんなきゃならねんだよ」

と怒りはじめ、下絵の紙をくちゃくちゃにして投げ捨てました。

（2分は集中できていたのか。2分がんばったんだなぁ…）

たった2分の集中をほめた

「エイタ、ちょっと、こっちにおいで」

「……」

「怒るために呼んだんじゃないよ」

「……。何すか？」

「エイタ、きみは集中力があるね。2分も集中できたじゃないか。すごい！」

　呆気にとられているエイタは、静かに席に戻りました。そして、まるめて捨てた画用紙を拾いに行きました。

　そして、机の上で皺を伸ばし始めました。私には、エイタのその姿がいじらしくも可愛く思えました。しばらくしてエイタは、下書きの紙を私に見せにきました。

「先生」

「どうした？」

「うまく描けなかったんだよ」

「そっかぁ。…うまく描けなかったのか。…いいのを描こうとしたんだな。頑張ったな」

「先生。…もう1枚ください」

「いいよ」

　新しい画用紙を渡すと、エイタはあらためて下絵を描きはじめました。

　私は涙をこらえていました。叱らなくてよかったと、心から思ったのです。

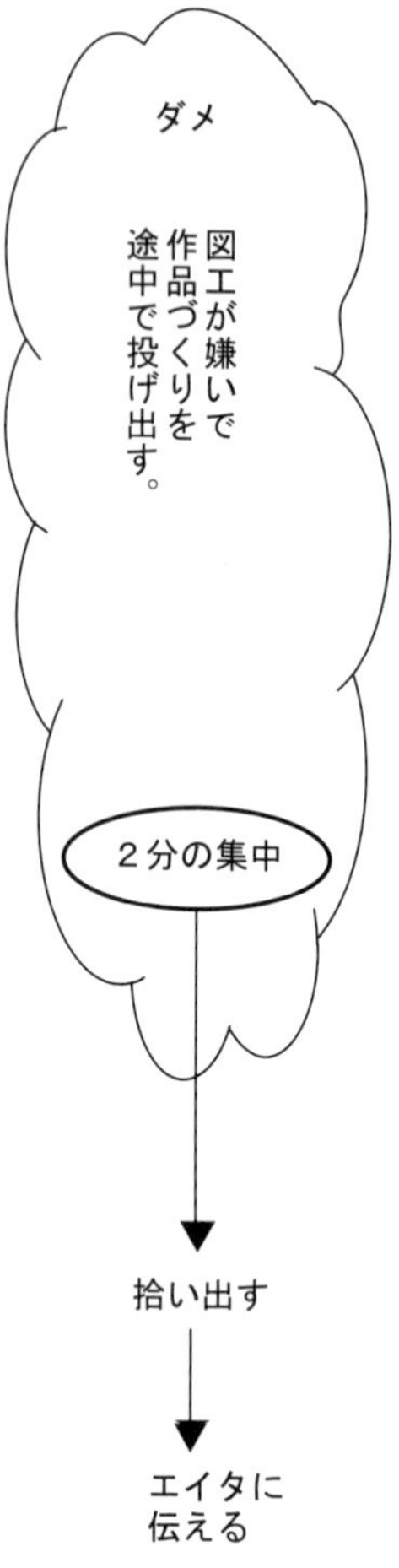
ダメ
図工が嫌いで
作品づくりを
途中で投げ出す。
2分の集中
拾い出す
エイタに
伝える

エイタが起こした変化！

この出来事の後、エイタは変わりました。

図工の授業は、途中で投げずに取り組むようになりました。図工だけでなく、国語や理科や体育も、落ち着いて受けられるようになりました。時々は、

「あ〜、もう！　いいや、こんなの！」

と癇癪を起こすこともあります。しかし、しばらくすると、また課題に取り組み始めます。

この変化を起こしたのは、誰でしょうか。私でしょうか？

私はただ、エイタのダメなこと（作品づくりを途中で投げ出す）の中から、例外（集中していた2分）を拾い出してエイタに伝えただけなのです。

その後のエイタの変化は、誰かに指示されたことではありません。

実はこの変化は、エイタ自身が能動的に起こしていることなのです。

5　自信のある子・ない子はこんなに違う

自信のある子の特徴

25年の教師生活を振り返ると、自信のあるお子さんには、次のような特徴がみられます。

・授業態度がよい
・ルールを守る
・気持ちが安定している
・成績がよい
・責任感がある
・先生や友達と、トラブルを起こさない
・自分らしさを持っている
・失敗しても立ち直りが早い
・ピンチに強い

自信がない子の特徴

自信がない子は、ある子の特徴の反対です。授業に集中できないナオキ（仮名）は、授業態度に問題があり、ルールが守れませんでした。気持ちも安定せず、すぐに爆発していました。

偉そうなことを言っている私も、中学時代は授業態度が悪く、責任感の薄い生徒でした（成績も、いま1つでしたよ）。図工が嫌いなエイタは、授業態度が悪く、やり始めたことを途中で投げてしまうところがありました。さらに、

・ピンチに弱い
・1度の失敗で折れてしまう
・途中で投げてしまう
・自己否定的
・自分らしさが出せない
・先生や友達と、よくトラブルを起こす

の特徴がある場合が多いです。ここでも、これは本当は彼らのせいではないのです。

自信がない子は、自信をなくされた子

授業に集中できないナオキは、幼い頃から、まわりの大人に叱られてきました。学校に上がってからは、担任教師から叱られ続けてきました。「ダメな子だ」「いくら言っても直そうとしない」「言うことをきかない」子だという、迷惑感を含んだ視線を浴びてきました。

これでは、自信を持ちたくても持てません。

当然、いいところを探して、ほめていただいた方もいらっしゃるでしょう。しかし、いいとこ

ろをほめられただけでは、例えば、前述の画用紙を投げて捨ててしまったナオキに変化は起きなかったのかもしれません。

彼だって叱られてばかりではなかったはずです。ほめられたときもあるはずです。でもそのときに、変化が起こらなかったのはなぜでしょうか？

それは、ほめた内容が、社会や大人の物差しに合っていた部分だけだったからで、ナオキが本当にほめて欲しかったのは「自分のこと」なのです。

ナオキのまわりの大人達は、「ナオキには、私達の物差しに当てはまるものがない」と判断し、ナオキを「問題児」として接してきました。それでは、ナオキのような子は、「いいところが1つもない子ども」と判断される場合が多いのも当然です。

それは、「いい」の物差しが、親御さんや教育者の思惑にあるからです。まわりの大人のお目がねに叶わなければ、問題児となる・・それだと、段々と「自分」に自信がなくなりはじめ、エスカレートすると、大人の尺度に対して反対の行動を際立たせることになる場合も多くあります。

このように、自信をなくされた子どもが多いのも現実です。

ほめポイント法は、子どもに自信をつけてもらうのが目的

ほめポイント法が、ほめて育てる論と違うのは、叱られ続けてきたことの中から例外を拾い出し、それを本人に伝える点です。ほめて育てる論の尺度ではなく、ダメなところや苦手な部分から「例外」をほめていきます。

そうすると、子ども達の自信が回復しはじめます。自分のいまの行動の真意を認められたとき、やる気が出てくるのです。

「きょうは、忘れ物がなかったんだ。きみには、忘れ物をなくす力があるね」

「ここの1行は、ていねいに書けているな。きみには、字をていねいに書く力があるね」

これらのほめポイントは、失いかけていた自信を復活させる魔法です。

泣きながら書き直しをしている子

あるとき、低学年の教室に行ってみると、泣きながらノートに文字を書いている子どもさんがいました。ノートを観てみると、一度書いた文字を全部消した跡がありました。どうやら、文字が汚いので、担任の先生からやり直すように言われたようです。その子は、肩を振るわせながら、やり直しをしています。

私はため息を1つつきました。そして、消した文字の中から上手に書けているものを拾い出し、「ユリ（仮名）ちゃんは、この字とこの字が上手だね。だから、ユリには字をきれいに書く力があるんだね。書き直しになって悲しいけど、頑張ろうね」と声をかけました。

6　ほめると、おだてるの違い

ほめるのがうまいわけではない

地域やセミナーでほめポイントのお話をさせていただくと、興味深い反応が返ってくることがあります。

「齋藤さんは、ほめるのが上手だよね。私はできないな。…怒るのは得意だけど」

「なんか、あんなことを言ったら、歯が浮いてきちゃうよ」

「だって、"2分も集中できたね"なんて、照れくさくてさ」

「そうですか。…私は特にほめるのが上手ってわけじゃないんですよ。むしろ、反対です。むかしの私は怒ってばかりだったんです。ほめるのがうまいわけがないじゃない。怒るのは得意でしたけどね」

感動を伝えるのがほめポイント

「どうしたらほめポイントはうまくなりますか?」

「うまい下手じゃなくて、感動を伝えているんですよ。授業に集中できない子どもから、"集中していた5分"を発見できた喜び。感動なんです。図工が嫌いな子から、"図工に集中していた2

分“をみつけた喜び。汚い字で書かれたノートの文字の中から、たった1つの”ていねいに書けている文字“に気がついた感動。たぶん、この子のこれに気づいたのは、私ひとりかもしれないという密かな誇り。そういう、感動や喜びや誇りを感じることなんです。自分のお子さんや生徒さんに。だから、その子に伝えてあげたくなるんです。君はここができてるよ！　凄いねってね。私の心の中ではもう、早く伝えたくてしょうがないんですよね。子どもは呆気にとられてるんだけど」

「そっかぁ。感動かぁ」

「そう。君のこの事実は凄いよ！　感動した！　という気持ちで伝えているだけ」

「そう言われれば、子どもに感動してほめたことなんて、ここのところなくなってたかもしれない」

「感動を伝えているので、自分の心の中で、わざとらしさがないんです。だから、歯も浮かないし、照れくさくもないんですよ。だって、伝えていることは、目の前の子どもがしていた事実なんだもん。たった2分でも、集中していたのは事実です。45分じゃないかもしれないけど。2分一生懸命やったんです。それが45分、50分になっていくもんなんですよね。それも子ども自身がそうしはじめるんです。これまた感動なんです。だからほめポイントはやめられない（笑）」

エゴでほめると子どもはほめ嫌いになる

おだててほめるときは大人だって「わざとらしい」と感じます。特に、感動も喜びも感じていないのに、（何かをしてほしい）意図を持ってほめることもありますよね。例えば、

・（生徒会に立候補してほしくて）「ユキエ（仮名）はリーダーシップがあるよ」
・（片づけを手伝ってほしくて）「おまえはやさしい子だな」
・（喧嘩を止めてほしくて）「いい子だからやめなさい」
などなど。

小学校も高学年になれば、おだての裏の意図は見破ってしまい、お子さんの中には、
「そんなふうにほめたって、何もやらないよ」「どうせほめてなんかやらせようとしてるんでしょ」
と言い出す子もいます。

その点、ほめポイントは、
「この問題が、少しでも改善してくれたらいいな」という希望は持ちますが、何かをさせるという意図みたいなものは実はありません。

序章のまとめ

・ほめて育てる論には、いいところが1つもない子どもをうみだす落とし穴も潜んでいます。
・ほめポイント法は、ダメなところから例外を拾い出してそこをほめます。
・ほめて育てる論にあてはまらない子は1つもいいところがないと言われる子を増やします。
・ほめポイント法は、1つもいいところがない子の中の「1つ」の例外をほめます。
・おだてるのとほめるは違います。
・ほめポイントは感動を単に事実として伝えます。

《コラム　男性の子育て参加》

以前は、カウンセラーの私の元にお見えになるのは、ほとんどがお母様でした。最近になって、少しずつですが、お父様が相談にいらっしゃるようになりました。ガチガチに緊張される方もいらっしゃるので、「話やすいところからでいいですよ」と声をかけさせていただきます。

「うちの子が担任から、他の子より遅れているって言われたらしいんですよ」

「ショックだね」

「ええ、びっくりしちゃって。うちの（妻）にきいたら、ついていけないのがいっぱいあるんですよ。だから、うちでもふたり必死でやってるんですけど、なかなか結果がでなくて。本人もやる気がなくなってきて、余計に私も苛ついちゃって。…先生、どうしたらいいですか？」

「一生懸命やってるけど、思うような結果がでないんで（ええ）悔しいのかな？」

「はい。もう、どうしたらいいかわからないですよ」

　詳しくお聴きしてみると、担任の先生が言われる「遅れ」とは、
・話を聴いていない　・課題を全部やらない　・解答がでたらめ　いろいろ
（こんなに言われたら、親御さんもパニックになるよな）１つずつゆっくり解決していこうと思い、「お父さん、担任の先生から遅れている、って言われたことの中から、いま現在お子さんができていることを拾い出していきませんか？」

と提案させていただきました。まず、いまできていることを評価して自信とやる気をもたせ、その土台の上に立って次の問題解決に取り組むことが大切です。

1章

はずさない、伸ばす、正しいほめポイント

1　叱っていたことの中にある「伸びる芽、成長の芽」

叱ってばかりいた

「早く起きなさい」

「何度言ったらわかるの！　ちゃんと確かめたの！　もう、忘れ物ばっかりして」

「人を叩いちゃダメだって言ったでしょ」

「宿題やったの？　いつまでテレビ見てんの！」

「これ、いつのプリント！？　何度言ったらわかるの！　先生からもらったら、すぐ出しなって言ったでしょ」

「約束したよね。絶対、お金は盗まないって」

「ゲームは1時間って決めたでしょ。約束したでしょ」

「叱らずに済むなら、叱りたくなどありません。いくら言っても、いくら約束しても、平気で破って同じことをするから、つい大きい声が出てしまいます」おっしゃるとおりだと思います。

ダメ先生であった私も、いつも、子ども達を叱っていました。

そんな私が、あるとき、伸びる芽・成長の芽があることに気づきました。

それは、実は「叱ってること自体の中に伸びる芽がある」ということなのです。

子どもだって叱られたら悔しい、直したい

叱られたことのある人は、誰よりも、叱られたことを直したいと思っています。悔しいからです。ですから、親御さんや教育者には気づかれませんが、子どもなりに直す努力をしています。

何度も叱られて、悔しいし悲しいからです。

この、悔しい&直したいが、伸びる芽・成長の芽です。

子どもなりの努力は、大人から見たら、わずかな変化なので、初めのうちは大人に気づかれることはないでしょう。その努力はそれこそ2分とか3分かもしれないのです。その小さな小さな努力を認めることは本当にすごい結果を産み出します。

大きい出来事の最初の変化というのはほんの些細なことが多いといわれます。これは子どもを育てる場合も同じことなのです。

大縄が苦手で、チームの人から苦情を言われたサキ（仮名）は、ひとり自宅で大縄の練習をしていました。音楽会を前に教師から注意されたミチ（仮名）は、毎晩、部屋でリコーダーの練習をしました。ゲームの約束を守れないケンジ(仮名)は、勉強机の上に、「ゲームは1時間でやめる」と書いた紙を貼っていました。毎朝、寝坊して怒られていたカズオ（仮名）は、目覚まし時計を2個使っていました。

しかし、この子どもなりの努力は、初めのうちは大人に気づかれないことが多いのです。子どもは子どもで、悔しいからやっているので、大人に見てほしくてやってはいません。恥ずかしかったりもしますよね。ですから、なかなか気づかれないのです。

伸びる芽・成長の芽に光をあたえるほめポイント

本書で書いているほめポイントは、いまの例でいうと、

・自宅で大縄の練習
・部屋でリコーダーの練習
・「ゲームは1時間でやめる」と書いた紙を貼っていた
・目覚まし時計を2個使っていた

を拾い出して、そこをほめます。

少しだけ顔を出した伸びる芽・成長の芽に、もっと元気よく育てと光をあたえるのです。本当にほんの少しなので、気づかれないのです。それにその努力は実は子どもは自分が知っています。

「僕だってがんばってるんだ」「私だってどうにかしたい」

そこを「こら！　またやってる」と大枠で観てしまうと「小さい芽」を踏みつぶしてしまうのです。踏まれても踏まれても努力しているのに、踏み潰されてしまう。ここから立ち上がれる子はそう多くありません。

だからこそ、ほめポイントで「例外」を認められたお子さんはみるみる変わりはじめます。芽を伸ばしているだけなのです。

大縄のサキは、大縄に入るタイミングを観察していたら、前回より少しだけタイミングが合ってきていました（練習の成果）。

「サキ、タイミングが合ってきたな。凄い！」

と言ったら、

「うちで練習したんだ！」

と明るく答えてくれました。

「そりゃ、ますます、凄いや！」

大縄はまだ跳べないけど、本当にニコニコしているのです。

そして、間もなく跳べるようになるものです。そのことはその子の一生を左右するぐらい重大な経験なのです。

2　ほめポイントを外さなければ、子どもはまっすぐ伸びる

リレーの選手は、おしゃべりをしない？

まだ教師だったある年、学級崩壊の崖っぷちにあるクラスを受け持ちました。怒ってばかりのダメ先生であった私は、子ども達に課題をちゃんとやらせるために叱ってばかりいました。けれど、私なりにほめてもいました。まだ、ほめポイント法を発見する前でしたので、そのほめ言葉は、的外れで子ども達の心には届かなかったでしょう。

このクラスに、人を笑わせるのが上手なケンタ（仮名）がいました。お笑いトークで周囲を和ませてくれるのは好ましいのですが、授業中もお笑い劇場の幕を下ろしませんでした。本人はと

もかく、他のお子さんの集中も続かなくなってきました。

「ケンタ、しゃべらない！」

と何度も注意しましたが、おしゃべりは収まりませんでした。

　そこで私は、ケンタを呼びました。

「おい！　ケンタ。授業中はしゃべらない。ケンタは、駆け足が速くて、リレーの選手にもなったじゃないか。いいところがあるんだから、いいな、おしゃべりはしない」

と声をかけました。

　少しは大人しくするかと期待していましたが、ケンタのお笑い劇場は続きました。

おしゃべりを止めてほしくて、リレー選手の話をケンタにしたのですが、まったく効果はありませんでしたよ。効果があるはずがないのです。


ピアノが弾ける子は、お絵かきをしない？


同じクラスに、お絵かきが大好きなケイコ（仮名）がいました。困るのは、勉強時間も描いていることです。そばに行って、

「もう、お絵かきは止めなさい」

と声をかけると、ノートをサッと机の中にしまいます。

　ところが、私がそばを離れてしばらくすると、また、お絵かきをしています。近くのお子さんも、その絵を見て、「うまいね」「かーわいい」と騒いでいます。

「ケイコ、いい加減にしな！」

と注意すると、また、すぐにしまいます。…ケイコのお絵かきは、この繰り返しでした。きちんと話しておこうと思い、休み時間にケイコを呼びました。

「ケイコ、授業中のお絵かきはやめな、って言ったよね。何度言ったら止めるの！　ケイコはピアノが上手で、凄いじゃない。この前、発表会もあったんでしょ。せっかくいいところがあるのに、残念だな」

　これもまったく効果はありませんでした。可哀想なことをしてしまったなといまは思います。ほめポイント知ってればなぁ…全然違ったのに。


ほめポイントを外すと、子どもに変化が起きない

　ここまで読まれたあなたは、もうお気づきですね。お恥ずかしい限りです。穴があったら入りたいのですが、メタボな私は残念ながら大きな穴しか入れません（笑）。

　ここまで見事に、ほめポイントをはずした言葉かけはないのです。こんな私ですら、ほめ上手と言われるのだから。不思議なものですが、私がこれだけとんでもない失敗をしているのですから、あなたはもっと上手になれるはずなのです。

いまの私ならば

　例えば、ケンタの場合、45分（小学校の1コマの授業時間）の中で、集中して勉強していた瞬間を見つけます。30秒でも1分でもいい、いつもと違う例外を拾い出します。

　そして、こう言います。

「ケンタ。いまの国語の時間も、ずっとおしゃべりをしていたね。…正直いうと、先生は困っているんだ。だけど、きょう、気づいたことがあるんだ。ケンタは、漢字をノートに書くときは、おしゃべりをしないでいたね。ケンタは、やろうと思えば、おしゃべりをしないで、ちゃんと集中する力があるんだね。見直したよ」

　ケイコの場合も同様です。いつもお絵かきしているのですが。しないで集中している時間帯もあるのです。それは本人が自分で集中している時間です。

　これは基本なので、ぜひご家庭でもやってみてください。必ず効果があります。

ダメ
授業中、
おしゃべりをしている。
漢字をノートに
書くとき、
おしゃべりを
しないでいた。
拾い出す
ケンタに伝える

3　どの問題から取り組むかを決める

叱ってばかりで嫌になる

「叱ってばかりで、嫌になってしまう」

と、肩を落として面接室に来られる親御さんがいらっしゃいます。

「嫌になっちゃう…」

と親御さん。

「嫌になっちゃう？」

「ほんと、嫌になる。…いいところもあるんですけどね」

「うん。いいところもあるよね」

「…じゃあ今日は、お子さんのどこが嫌になるのかを、一緒に紙に書き出してみない？」

　こうして、箇条書きにしたのが次の一覧表です。

子どものどこが嫌になるか
・朝、ぐずる
・着替えが遅い

・何日か前に配られたプリントが、ランドセルからでてくる
・兄弟げんかをする
・10点とか20点とかのテストを見せない、ゴミ箱に捨ててある
・ノートの字が汚い

問題行動の、怒りレベルを調べる

「それじゃあ、この" 嫌になること "の、怒りレベルを調べてみようか」

「え?……」

「この6つは、どれもがみんな、あなたを苛つかせて、叱りたくなることでしょ。言ってみれば、" 怒りの素 "だよね。でも中には、すぐにガツンと叱ってしまうこともあれば、ミニ・ガツンくらいで済むものもあるでしょ」

「ええ、あります」

「火山が爆発するくらいに怒ってしまうのは" 怒りレベル5 "、マックスだよ。たまには、まあいいかと放っておけるのが" 怒りレベル1 "」

「じゃあ、私が読み上げるから、怒りレベルを教えて」

「はい」

「朝、ぐずるは、(レベル5)」

「着替えが遅いは、(う〜ん、レベル5)」

「マックスが続くね。前のプリントが出てくるは、（これは完璧5！　笑）」

「兄弟喧嘩は、（レベル4）」

「10点のテストが捨ててあるは、（3つ半）」

「字が汚いは、（2つ半…。これは、私の遺伝かも）」

お母さんの宿題

「レベル5が3つか…。疲れるね」

「もう、ほーんと、疲れます」

「噴火続きだもんね」

「はい。先生。これ（怒りレベル表）は何に使うんですか？」

「タナカさん（仮名）。きょうはお母さんに宿題を出すよ。（ええ！？）やってこなかったら、この部屋を掃除してもらうからね。笑（えええ！？）たまには、親も宿題をしてみると、子どもさんの気持ちがわかるかもしれない」

「は～い」

　先ほどつくった、怒りレベル表を見ながら、タナカさんにこう言いました。

「この"字が汚い"は、レベル2つ半でしょ。じゃあね、今日家に帰ったら、子どもさんの何のノートでもいいから、最初のページから最後のページまでよく見てください。その中で、1ページでも1文字でもいいから、ていねいに書けていると思うところを見つける。これが宿題です」

「ないかもしれないけど、……一応、やってみます」

「1文字でもいいんだよ（わかりました。じゃあ、）まだ、あるの！　この後が大事。それを見つけたら、リナちゃん（仮名）に、こう言ってあげてみてください。いい？」

「お母さん、きょう、嬉しいことがあるんだ。リナのノートを黙ってみちゃったんだけど、ごめんね。でも、発見しちゃった。リナは字がきたないと思っていたけど、このページのこの字を見たら、驚いちゃった。すごい、ていねいなんだもん。凄いね、リナ。リナは、ていねいに字を書く力を持っていたんだね」

4　ほめポイント上手になるとあなたも成長できる！

リナちゃんの大変身

次のカウンセリングでタナカさんが部屋に入ってきました。満面の笑みを浮かべています。

「やりましたよ！」

「おっ、すごい！」

「先生に教えていただいたように言ったんですよ―。そしたら、すっごい変わりました！」

「仮面ライダーの、ヘ、ン、シ、ン、って感じですか」

「先生、そのヘンシン古い」

「すいませ〜ん」

「字はとてもきれいになりました。プリントもその日に出してくれます。なんか、シャキッとした感じになりました。ありがとうございました」

「よかったね」

「は〜い、ありがとうございました」

「うん。何かそう言われると恥ずかしいな。私は何もしてないんだよ。この変身を起こしたのは、お母さんとリナちゃんなんだよねぇ」

お母さんが見つけた星の砂

「ところでタナカさん。何を見つけたの？」

「硬筆（お手本を見て、濃いめの鉛筆で書く勉強）の練習プリントでね、1文字だけ見つけたんですよ。"ん"という字が、すごい上手でていねいだったんです。だから、それをリナに言ったんですよ」

「よく、見つけたね。凄いね！」

「見つけたときは、やったぁって思いましたよ。早く言いたくて、リナ、早く帰ってこないかなって思いました。（感動を伝える）」

「リナちゃん、どうだった？」

「すっごい、嬉しそうな顔をしてました」

「よかったねぇ」

いちばん変わったのはお母さん！

リナちゃんの変身には驚きましたね。でも私は、いちばん変わったのはお母さんだと思います。ほめポイントに取り組む前は、お子さんのダメなところに気がつく度に叱っていました。そんな自分が嫌になってしまうとも話しておられました。

では、ほめポイントに取り組む前後で、親御さんの何が変わったのでしょうか。

・ダメなところを叱らなくなった。
・ダメなことの中から、例外さがしをした。
・例外を見つけたとき〝喜び〟を感じた。
・喜びと一緒にほめポイントを伝えた。
・リナちゃんを観察し続けた。

子どもにとってもこれはお母さんの「へ　ん　し　ん」なのです。子どもさんをじっくり観察してますか。案外、ザックリ毎日を過ごしているだけかもしれません。大枠で捉えて「うちの子はダメだ」と思っているかもしれません。

実は親御さんが変わったからこそ、子どもさんの変身が生まれたのです。

このように、ほめポイントを取り組むプロセスで、親のあなたもいままで見逃してきた貴重な子どもさんの星の砂に気づきはじめます。そのとき、あなたも変身しているのです。スーパーお母さん。スーパーお父さん　スーパー先生なのです。

お母さんに笑顔がもどった家庭

お母さんが、お子さんのほめポイントを見つけて、それを喜べる。子どもに言ってあげたくてたまらなくなる。

ほめようとしてほめているわけじゃないのです。

「伝えたくてしょうがなくなる」

子どもは喜び満面になるか、キョトンとしています。でも、ニヤニヤしてるのです。

楽しいとは思いませんか。

それを、早くお子さんに伝えたいという気持ちも同様です。

笑顔のお母さんにほめられたお子さんは、これまた笑顔になります。

そこに、お父様や家族の皆さんが帰ってこられたらどうでしょう。

きょうは、いつもと違うなと感じはじめます。

それが毎日続いたら、笑顔のお母さんと、笑顔のお子さん。

それを見た家族の皆さんにも、笑顔が伝わりはしないでしょうか。

ほめポイントは笑顔が絶えない明るい、楽しい家庭を築く助けになってくれるツールです。

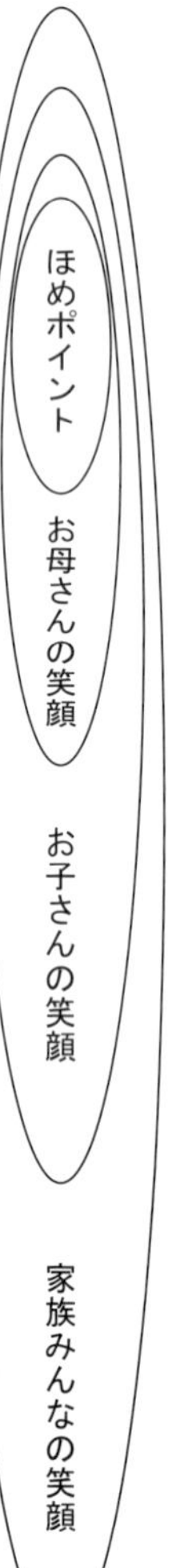

5　成長の芽を枯らさない、この一言

ほめポイント法にも「水分・栄養」になる声かけがある

花を種から育てたことがある方は、よくおわかりだと思います。

土の中から芽が出ると、やがて双葉になります。私は花を育てるのが好きなのですが。種をまいて、そのうち無数の双葉が身を寄せ合っている姿を見るのは無上の喜びです。毎朝毎晩、ときどき間引きつつ、元気に育てと双葉を観察し続けます。

ところで、ほめポイント法は、植物を育てるのに似ています。伸びる芽・成長の芽は、私たちが気づく前から芽吹いています。その芽をさがし、ほめポイントで明るい陽射しをあたえます。

しかし、陽射しだけでは枯れてしまいます。水分・養分も必要なのです。

ほめポイント法にも「水分・栄養」になる声かけがあります。

それが、「その調子でいいんだよ」というフォローの声かけです。これを続けてこそ、双葉が育って沢山の本葉をつけ、やがてそれぞれの花を咲かせるのです。変化がうまれたら、「それでOK」というメッセージを送り、うまれた変化を確かなものにしていきます。

それでOKメッセージ編

・文字をていねいに書くようになったお子さんにかける一言。
「きょうは別の字もていねいになったね。凄い」
・朝、ぐずらずに、すぐ起きることが増えたお子さんに一言。
「今朝もすぐ起きたね。さっすがぁ」
・学校で配布されたプリントを、その日に見せてくれるようになったお子さんに一言。
「ありがと。その日に渡してくれるから、お母さん、助かる」
・すぐ手を出すのを、我慢していられたお子さんに一言。
「えらいね。よく我慢できたね」
・図工の時間、投げ出さずに作品に取り組むエイタを見かけたときの一言。
「エイタ。その調子」
・授業に集中するようになったナオキ。廊下にいた私は、ナオキと目が合いました。（いいぞ、その調子だ）の気持ちを込めて、Vサインを送りました。
・教室に入れるようになったお子さん。私が教室に入ると、私をみてニコリとしました。私は（いいぞ、いいぞ）の気持ちを込めて、ガッツポーズをしました。

・宿題をするようになったお子さんにかける一言。
「きょうも頑張ってるな」
・落ち着いて席に座っていられるようになったお子さんに、そばに行って肩をポンと叩き、
「やってるな」

と一言。

ＯＫメッセージのスクラムを大人が組む

以上の〝それでＯＫメッセージ〟は、一番いいのは、周囲の大人達がスクラムを組んで声かけができると最高です。ある大人は声かけをするが、他の大人達は、以前のままの扱いを続けている状態はやはり残念なのです。

もちろん、ひとりでも、

「この1行はきれいに書けてるね。その調子だ」

と声をかけ続けてくれる大人がいることは、お子さんにとっては大きな励みにはなります。でも、その他の大人達が、

「(テストの解答が) たったこれしかできないの！」

「まぐれが続いてるな」

というような嫌味やダメな子メッセージを浴びせていては、好ましい変化もだんだん影をひそめてしまいます。これでは、せっかく芽吹いた双葉が枯れてしまいますね。

もしかすると、悔しい&直したいという伸びる芽・成長の芽が〝もういいや、どうなってもいい！〟という歪んだ芽に育ってしまう恐れもあるのです。実際に私は、教育者や大人達の嫌味やダメな子メッセージでやる気をなくしたお子さんを何人もみています。

きちんと見守る体制を大人が組めると、子どもは驚くほどすくすく成長します。

6　自主性を持った子どものその先にある将来

放っておかれたマサオ

私が受け持った子どもの中に、特別に落ち着きのないマサオ（仮名）がいました。話はほとんど聞かず、出歩いては床に寝そべったり、他のお子さんに手を出したりしました。

休み時間になれば、出入禁止の部屋に入って物を壊したりしました。宿題はやらず、忘れ物は毎日あります。私を含めた先生方は、注意もしましたが、半ば黙認せざるを得ませんでした。

中学教師になりました！

つい最近、マサオに偶然再会しました。

「中学で教師をやってます」

と聞いたとき、正直、私は驚きました。（あの落ち着きのなかったマサオが…）私は、彼の歩んだ人生に興味を持ちました。
「お茶でも飲むか。行こう行こう」
ほとんど無理やり誘って、マサオの人生ドラマを聴かせてもらいました。

母が認めてくれた

マサオは、大事な試験前になっても、勉強に身が入らなかったようです。集中が続かない自分に腹を立てたそうです。

小さい頃から、周りの大人達に「お前は集中力がない」「問題児」と言われていたので、思い通りに勉強ができない自分が、余計に悔しかったのでしょう。

寒い冬の夜、家族のいる部屋で受験勉強を始めようと、参考書を開きました。いざ始めてみると、5分で飽きてしまったそうです。そんな状態が毎日続きました。

にもかかわらず、あるとき、親御さんが「いつも頑張ってるな」と声をかけてくれたそうです。すぐに飽きてしまうマサオを、親御さんはみていて、それを評価されたのです。（おお…ほめポイント！）と感心しました。

マサオの伸びる芽・成長の芽に光があたった

このときからマサオは、自分を「5分は集中できる子と考えるようになった」といいます。そして、この〟5分〝を活かす、マサオ式勉強法を工夫したそうです。

・勉強5分　↓　休憩10分　↓　勉強5分　↓　休憩10分　↓　…
マサオは、このパターンで試験勉強を続けました。「え？　勉強時間が短くない？」と思われる方もいらっしゃるかもしれません。

でも、この後が凄いのです。最初は勉強5分だったそうですが、気がつくと10分続けていたときもあり、最後には、ハッと気づいたら1時間も勉強していたそうです。集中力がだんだんついてきたのです。

こうしてマサオは、大学受験・教員採用試験に合格し、中学教師の道を切り拓いていったといいます。マサオは私に話しました。

「あのとき、母親が自分の"集中5分"を認めてくれなければ、いまの自分はないかもしれません。大学の受験勉強のときも、母は、勉強部屋によく"夜食"を届けてくれました。（母親らしい、それでいいんだメッセージの1つです。これも水と栄養なのです）自分が大学に合格したとき、父と母は踊って喜びました。教師になったときは、父は自分の手を握って、よくやった、と泣いていました。頑張ってよかったと思いました」


ほめポイントは、未来を切り拓く子どもを育てる

マサオに、ちょっと聞いてみたくなりました。

「おれは、マサオの人生に何か影響を与えたかい？」

「すいません。齋藤先生はよく怒っていたことと、日記を書かせられたことしか覚えてません」

そっかぁと気落ちしましたが、マサオらしい人生の花を咲かせたことがとても嬉しく思えました。これからわかるように、ほめポイントは、未来を切り拓く子ども達を育てると信じています。

もしも誰も認めてくれなかったら

最後にもう1つだけ、どうしてもマサオに聞きたいことがありました。

「マサオ、きょうはありがとう。正直言うと、おれはマサオが教師になったって聞いて驚いたよ。…でもなあ、話を聞いているうちに、よく頑張ってきたなって感動した。きょう、マサオに会えてほんとうに良かったよ。おれは今、教師を辞めてカウンセラーをしてるんだ」

「まじっすか！」

「それでな、最後にこれだけは聞きたいんだ」

「何ですか？」

「もしな、マサオのお母さんが認めてくれなかったら、どうなっていたと思う？」

「自分も考えたことがあります。いま教師をしてることが不思議に感じることもあります」

「考えたことがあるんだ」

「はい。じっさい、勉強をするようになるまでの自分は、悪さもしてきました。親戚や近所の人達は、自分のことを〝問題児〟〝できの悪い子〟という目でみているのを感じてました。教師達も同じです。悔しかったです。もし誰も認めてくれなかったら、仕返しをしていたかもしれないです」

マサオの最後の言葉をきいて、私は深く考え込んでしまいました。

2章　どんな子どもにもある ほめポイント

1　最初の一歩は、子どもと一緒に子どもになって遊ぶ

例外さがしの前にやるべきことがある

どんなにほめポイントが問題行動に効果があっても、その前にやるべきことがあります。

それは、あなたとお子さんの信頼関係を築いておくことです。

お子さんがあなたを信頼しているとは、次のような関係です。
・嘘をついて自分を守ろうとしていない状態。
・親御さんの考えや言動を、素直に感じ取ろうとする状態。
反対に、あなたがお子さんを信頼しているとは、次のような状態です。
・お子さんに、ありのままの自分をみせている状態。
・叱る前に、理解しようとしている状態。
この信頼関係があってこそのほめポイントです。

なぜでしょうか。

それは、子ども達は、信頼している大人の言うことを素直に受け入れるからです。

そうでなければ、

「5分も集中してたね。凄い！」

と伝えても、
「なに、それ」
とそっぽを向かれてしまいます。

親もはじけて子どもになって遊ぶ

お子さんとの信頼関係を築くのに最適なのが、お子さん一緒に遊ぶことです。遊んであげる的なスタンスでなく、あなた自身もお子さんと同年代になったつもりで、思い切りはじけて遊ぶことをお奨めします。

こんなに、偉そうなことを言っていますが、ほめポイントを発見する前の私は、この信頼関係を築くのが最も不得意な教師でした。
「齋藤先生は、怒ってばかりいる」
「笑った顔を見たことがない」
子ども達にとっての私は、怖くて近寄りがたい教師だったと思います。しかし、ほめポイントに気づいて激変したのです。まず、よく一緒に遊ぶようになりました。お天気のよい日は、校庭で一緒に子どもになって体を動かします。
例：サッカー、大縄とび、ドッジボール、ホット・ドック、どろけい、ハンド・ベースボール、
　バスケットボール、ソフトバレー、鉄おに、ｅｔｃ
雨の日は、室内で一緒に遊びます。

例：トランプ、オセロ、ウノ、将棋、チェス、野球盤、ｅｔｃ。

さむ〜い親父ギャグも効果的

怖い、近寄りがたい雰囲気を出さないように、〝いつも心にユーモアを・くちびるに親父ギャグ〟を心がけました。メタボの私は、お腹がドカーンと出ています。廊下を歩いていると、子どもは、

「齋藤先生、お腹、おっきいね。赤ちゃんがいるの？」

と私のお腹を撫でてきます。

私は、

「わかる？　６か月なんだ。時々、動くんだよって、こら〜！」

「きゃ〜」

子どもは大喜びです。まわりの子ども達と一緒に大爆笑です。

2　子どもはこんな大人の言葉をよく聞く

お子さんの興味・関心に合わせて声をかける

あなたのお子さんが、あなたを信頼しているときに、ほめポイントは効果を発揮します。本項

では、あなたの言葉をよく聞いてくれるような信頼関係を築く方法をご紹介します。

・「きょう、釣りに行ったんだって！　釣れたかい？」
・「山手線でさ、ぜんぶ緑色の電車が走っているの、知ってる？」
・「ＡＫＢでさ、最近よくでているあの子、名前は何て言ったっけ？」
・「わんこのお腹の調子、なおった？」
・「ピアノの演奏会、うまくいった？」
・「スイミングの進級テスト、どうだった？」
・「あのゲーム、何面までクリアーした？」

これは、日頃から子どもに関心を持って観察していないと、わからないことが多いですね。

学校編　おもしろい授業をする

・「きょうは、体積を求める式をみんなで考えます。…誰だ？　体積って言ったとき、先生のお腹を見たやつは？（はい、はい）」（教室は、大爆笑）
・「きょうは、比の勉強をします。最初に黒板でやったあと、実際につくってみます。（騒然）」
・「１㎥は、この人差し指に乗っている１㎤の立方体が百万個だったよね。ここに、１㎥の枠をつくってきたから、どう、…中に入ってみたい人？（はい、はい）」

これは、“いつも”というわけには、なかなかいきませんね。

なので、月に１つか２つか決めて、その授業は思い切り楽しくやってみるのです。教師自身も楽しむ気持ちが大事です。子ども達は、一緒になってくれる（子どもの目線に降りてきてくれる）大人が大好きで、そんな大人の言葉はよく聞きます。

叱るときは短くびしっと

叱るときは、短時間で、びしっと叱ります。叱るのも大事なのです。

これもなかなか難しいですね。叱っているうちに、怒りが怒りをうんで、前のことを思い出します。そして、

「キャンプのときも、おまえは、きょうみたいに愚図ってたよね。この前、ファミレスに行ったときもそうだった。お母さん、そういうの、嫌いなんだよ。いつもいつも…」

と、最初の怒りが何倍にも膨らんでいることがありますが。

叱るときは、「短くびしっと」を心がけ過去の事は蒸し返さないようにしましょう。

「いつもあなたは○○」これも×です。

日頃から細かくほめポイントを伝える

・「きょうは、くつ下を洗濯機に入れてくれたね。ありがと」

・「帰ってすぐに宿題ができたね」

・「（食べ終わった）茶碗を持ってきてくれたんだ。サンキュー」

問題行動を解決する、というケースでなくても、日頃からほめポイントを伝えていることは大

切です。それは、子どもの心に、「この人は、私の頑張りを見ていてくれている」という気持ちがうまれ、信頼関係がぐっと深まります。

ありのままの自分をみせる

お子さんの前で、自分以上であろうとしないほうがいいです。ありのままの大人の姿をみせることが、信頼関係を築く上で大切です。

親は、子どもの前で完璧である必要はありません。

3　教室を勝手に出歩く子どもにかけた魔法の言葉

信頼関係を築く

教員をしていたある年、勝手に授業中教室から出歩いたり、手いたずらが多く、落ち着いて授業が受けられないハヤト（仮名）を受け持ちました。どの科目も、ほとんど同じ状態でしたので、私や科目担当の先生から、

「ハヤト！」とたびたび叱られていました。

いまの状態では、私の言葉を素直に受け取ってはくれないと思い、まず、ハヤトとの信頼関係を築くことにしました。ハヤトは粘土遊びが大好きでした。休み時間に、粘土を触っているハヤ

トを見かけると、

「それは、ガンダムかい？」と声をかけました。

「ガンダム？」

「うまいねぇ」


いつものハヤトはどこだ！


ハヤトの問題だった点はいろいろあったのですが、最大の課題は、〝授業に集中できない〟ことでした。ここから例外をさがせたら、ほめポイントでアプローチ（かかわり）ができます。

図工の教材に、粘土遊びがありました。私は、図工担当にお願いして、授業を見学させていただきました。目的は、ハヤトの例外さがしです。

さて、授業が始まると、いつものハヤトは何処にもいません。目の前にいるハヤトは、何かに取り憑かれたように粘土遊びに集中しています。出歩きも手いたずらもありません。感心しながらも、ハヤトにちょっと声をかけました。

「ガンダムかい？」

ハヤトは笑いながら、

「ちがうって！」

と応えました。

「だよな」

ハヤトは集中して取り組む力を持っている

図工の1コマ目が終わったとき、私はハヤトに、

「ガンダム！　ちょっと、おいで」と声をかけました。

「しつっこいよ先生。なに？」

「ハヤトの粘土はいいなぁ。いまにも動きだしそうだよ。あと、驚いたのは、ハヤトは、集中して取り組む力があるんだね。凄いね。次の時間も、その調子だぞ」

ハヤトは、「はい」と素直に言いました。

完璧を求めてはいけない！

その後のハヤトは、以前よりも、落ち着いて勉強する時間が少しだけ増えました（本当に少しです）。完璧を求める方からすれば、そんなに変わらなかった、と思われるレベルです。

しかし、この「殆ど変わらない」状態からの声かけが最終変化を左右するのです。

いまこの時点では、完璧でなくて全くよいのです。

ＯＫメッセージのフォロー

国語の時間に、ちゃんと席に座って課題に取り組むハヤトに気づくと、

「ガンダム、席に着いていられるね。凄い」と声をかけます。

算数のプリントに取り組むハヤトに気づくと、

「ハヤト、凄い。その調子」と声をかけました。

こうして数か月が過ぎた頃、ハヤトは、図工以外の科目もほぼ落ち着いて取り組めるようになったのです。

4　学級崩壊はこうして改善した―授業ができない教室

お前なんか先生じゃない！

ある年、学級崩壊クラスを担任しました。はじめて教室に入ったとき、私は声を失いました。目の前に広がる光景が、およそ人間社会のものとは思えませんでした。チャイムが鳴っても、私の話を聴こうとする子どもさんは、ほとんどいませんでした。

各々の子どもが、みな勝手なことをしています。あっちでは教室の隅に集まって雑談している子ども達。また、向こうではプロレス遊びをしている子ども達。座っているお子さんはどうかといえば、お絵かきをしたり、漫画を読んだり、机に伏せて寝ているお子さんもいました。

もちろん、私は、教室を一回りして注意したり、席につくよう促したりしました。

しかし、私が声をかけると、

「うっせえんだよ」

という言葉が返ってきました。無視する子もいます。（私のことを、担任とも先生とも思っていないってわけだなぁ）と悩みました。

半端な取組みは通用しない

どうしたらいいか、私は悩みに悩みました。このままではダメだ、まずは信頼関係を築いていこう。それも、半端な取組みは通用しそうにない、と考えました。

そしてまず、あることを始めました。

休み時間は必ず校庭に出て、子ども達と遊ぶことにしたのです。

校庭に出ると、クラスの子ども達のそばに行き、「先生も混ざるよ」と叫んで、子ども達と一緒に体を動かしました。

当然、「混ざるよ」と叫んで仲間に入っても、誰も返事をしてくれません。

そればかりか、最初はボールも触らせてもらえませんでした。でも、そんな状態が何回続いても、私は一緒に遊び続けました。

先生は本気だぜ！

あるとき、初めて私にボールが回ってきました。私は、

「よっしゃあ、本気でいくぞ～」

と叫んで剛速球（実際は、へなちょこボール）を投げました。

「おおお、すげ～」

どよめく子ども達。運良く私の投げたボールがヒットし、私はコートの中に入りました。今度は、子ども達の集中砲火を浴びました。

「こら～、先生ばっかりねらうな～」

と懇願しました。子ども達の爆笑が聞こえました。逃げまくっているうちに、体は汗でびっしょりになりました。

同じ汗をかいた日から、何かが変わった

お昼休み終わりのチャイムが鳴りました。私は、空に向かって「教室いくぞ～」と発声し、昇降口に向かいました。ドッジの子ども達は、私の後を着いてきました
教室に上がる階段のところで、私は大声で本音（子どもの前では、ありのままの自分をみせる）をぶちまけました。

「暑いな～、汗びっしょりだよ。掃除、やりたくねえ～」

すると、周りにいた子ども達が大笑いし、

「先生のくせに、そんなこと言っていいのかよ！」

と笑顔を向けてきました。

「いいんだよ。いやなものはいやだよな」

いつの間にか、私は子ども達に囲まれていました。

「でも、しょうがないから、…やるか～」

というと、なんと子ども達は、蜘蛛の子を散らすように掃除場所に駆けて行きました。一緒に汗をかき、教師の本音をぶちまけ、大笑いしたこの日から、子ども達の雰囲気が変わりました。話を聴いてくれる子どもが増え、挑発的な反応も少なくなりました。

でも、やはり授業ができない日は続きました。

あなたが学校の先生でなくても、同じなのです。この学級崩壊クラスの子どものようにあなたのお子さんが、あなたのいうことをまったく聞かなくなっても関わりをやめてはいけません。関わりを深めてください。「うっせぇ」「死ね」と言われる親御さんもいます。でも、それでも同じ方法が有効なのです。

まずは、あなたのお子さんと真剣になって遊んでみて欲しいのです。

ゲームでもなんでもかまいません。同じ遊びをしてみるのです。子どもに戻って遊んでみてください。私と学級崩壊クラスの子どもたちのように必ず信頼関係が生まれます。

5　学級崩壊はこうして改善した―子どもとチームをつくる

ほめポイントを他の子にあえて聞かせる

同じ汗をかいた日から、問題が起こるとほめポイントで取り組みました。それは、子ども達との信頼関係が育ちはじめ、私の言葉かけを素直に受け止めてくれると判断したので、ほめポイントで細かく子どもたちをほめはじめました。

クラスに、遊びのリーダー・テッペイ（仮名）がいました。男女を問わず人気があり、テッペイの言葉に耳を傾ける子ども達が沢山いました。

私は、他の子どもにほめポイントを伝えるとき、かならずテッペイを呼びました。

「テッペイ。ごめん、ちょっといい」

テッペイがそばに来てから、今度はユウト（仮名）を呼びました。

「ユウト！　ちょっといい。きょうの体育だけど、遊ばないで準備運動ができたね。その調子だ。頑張れな」

ユウトが戻ると、「テッペイ、ありがとな」とねぎらいの言葉をかけました。

テッペイとチームを組む

実は、テッペイには、事前にこんな話をしてありました。

「テッペイ。クラスのみんなは、テッペイが何か言うと、よく動いてくれる。これは、テッペイにリーダーの力があるってことだ。素晴らしいじゃないか。テッペイ、その力を先生に貸してもらえないか…。どういうことかと言うと、先生が他の子に声をかけているところを、聞いていてほしいんだ。だから、たまに〟ちょっといい〝と呼ぶけど、そばに来てもらっていい？」

「そんなでいいんですか」
「うん。いいかい？」
「いいっすよ」

テッペイがほめポイントを始めた！

こうして、日々起こる問題に取り組んでいくうちに、クラスに2つの大きな変化が起こりました。

1つは、テッペイ自身がほめポイントを始めたことです。

出歩いている子どもがいると、テッペイがそばにいき、「おまえさ、さっきまで席に座っていただろ。やればできるんだから、戻れよ」と言って声をかけます。

言われた子どもは、素直に（ここが、テッペイの凄いところ）席に戻ります。

2つ目の変化は、第2、第3のテッペイが現れてきたことです。

そして、一度に複数の問題が起きたとき、なんと、"私&テッペイ&第2、第3のテッペイ"が、あうんの呼吸で役割分担をして対応するようになりました。この光景は、震えがくるほどの感動でした。

こうして、晩秋を迎える頃、あの学級崩壊のクラスは、落ち着いて勉強に取り組むクラスにうまれ変わっていたのです。学級崩壊クラスは、実は子どもたちの力で立ち直ったのです。

別れの日

別れの日がきました。担任とも先生とも思ってくれなかったクラスの子ども達が、列をつくって私の前に並びました。テッペイは、

「先生と出会えてよかったです。ありがとうございました」

と言いました。堂々としたリーダーの風格です。

他の子ども達も、

「先生と、釣りの話ができて楽しかった。今度、一緒に釣りに行きませんか」

「一緒に遊んでくれて楽しかったです」

「最初は嫌だったけど、いまは、先生に会えてよかったです」

と口々に言ってくれました。どの顔もどの顔も、笑顔に溢れていました。

私は本当に教師で良かったと思いました。

6　問題が沢山ある子どもほど沢山のほめポイントがある

怒ってばかりのダメ教師はどうしていたのか

ダメ教師だった私は、子どもの沢山のダメなことをさがしては叱っていました。

忘れ物
出歩き
「ダメなところばかりで、
いいところが１つもない」

ほめポイントがわかってから

ほめポイントに気づいてから、ダメなことの中に沢山の〝ほめるポイント〟があることがわかりました。

実は、ほめポイントを使いはじめると、問題をたくさん抱えているお子さんほど、ほめポイントが沢山あることに気づきます。

これが楽しいのです。「おお…沢山ほめポイントがあるなぁ」

その子には未発見の星の砂が沢山あるということです。いいと思いませんか。

もし、あなたのお子さんや生徒さんに沢山問題があると感じているなら、「沢山の星の砂がある」に変えてみてください。

あなたの目の前の現実が変わります。

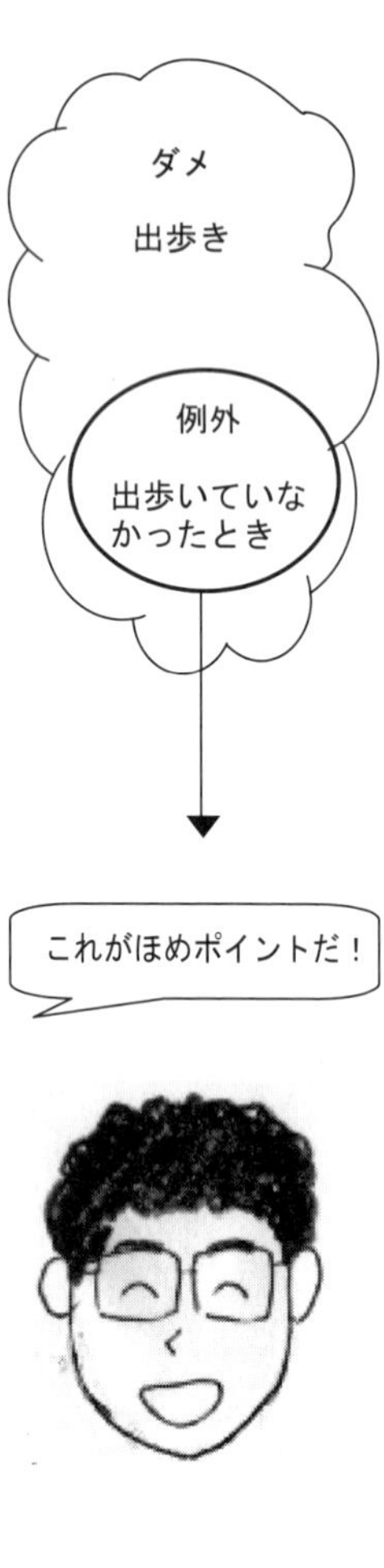

7　ほめポイントが見つからないときの"足し算引き算㊙テク"

例外がみつからない！　そんなときは…

ある親御さんが、「朝、起きなくて困ります」と相談にいらっしゃいました。親御さんと一緒に例外をさがしました。

・いつもより、早く布団に入った日はなかったか。
・早く起きた日はなかったか。

などなど

ところが、そのとき（面接の時点で）は見つかりませんでした。

親御さんはさらに、朝の様子を、

「朝起こしても起こしても起きません。起きても不機嫌。感謝するどころか起こし方が嫌だとか、もう少し早く起こしてくれなどといいます」と詳しくお話してくださいました。

効果の少ない解決策の繰り返しパターンをストップ！

問題が改善されないのは、実は「効果の少ない解決策を繰り返しているからです」

いわば子ども本人や親御さんではなく「方法」の間違いだったりするのです。

その状態を、目に見えるようにするため、親御さんと一緒に"間違いパターン循環図"を描きました。

これは、悪循環図と呼んでもいいです。

間違いパターン循環図

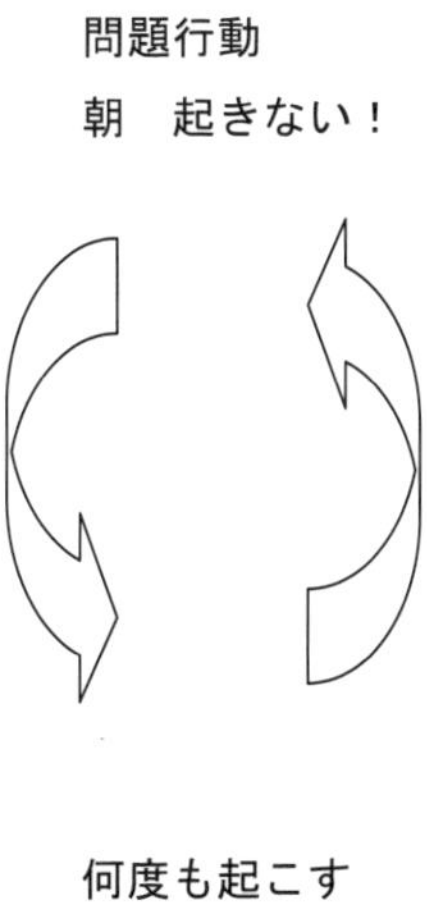

悪循環パターンを善循環パターンに一気に変える！

（面接の時点で）例外がみつからず、悪循環が続いている場合は、次の”足し算引き算㊙テク“を試します。それは、悪循環に何かを足したり・引いたりして、循環に変化を促してみます。

例えば、前の頁の悪循環図の中から”何度も起こす“を引き算（止めてみる）してみます。

問題行動
朝　起きない！
何度も起こす
どんな変化が起こるでしょうか？

別のマル秘テクを考えてみましょう。”何度も起こす“を引き算（止めてみる）して、”掛布団をはがす“を足し算（新しく試してみる）してみます。

問題行動
朝　起きない！
何度も起こす
掛布団をはがす！
どんな変化が起こるでしょうか？

他にもたくさん考えられますね。

つまり、悪循環に変化を促すものなら、あなたのアイデアでいいのです。何がいい結果を生むかはわかりません。この「足し算引き算㊙テク」は本書の後半でも実例を紹介します。

3章

忙しい朝はこれ！ほめポイント（ケース別）

1　こうすれば、子どもは自ら朝起きる

朝、起きなくて困るという相談はとても多い

朝、起きなくて困るという相談はとても多いです。

さらに、面接の時点で例外がみつからない場合も多くあります。多くの親御さん達は、朝起きない子ども達に悩まされているようです。

アオイ（仮名）の親御さんも、同じような相談で面接室にみえました。やはりその時点では、例外はみつかりませんでした。

悪循環を図に描いてみると、間違いパターン循環図とほぼ同じになりました。どんな㊙テクを使って、変化を促すかを相談で決め実行してもらいました。

1回しか起こさないよ！

アオイちゃんの親御さんは、"何度も起こすを止めてみる"とおっしゃいました。その日の夜自宅に戻られた親御さんは、寝る前のアオイちゃんにこう宣言したそうです。

「明日からは1回しか起こさない。それで起きなければあなたの責任よ」

次の朝、親御さんは言葉通りに実行しました。アオイちゃんは、スムーズに起きてきたそうで

す。よい結果が生まれた親御さんの取り組みを、図に描いてみましょう。

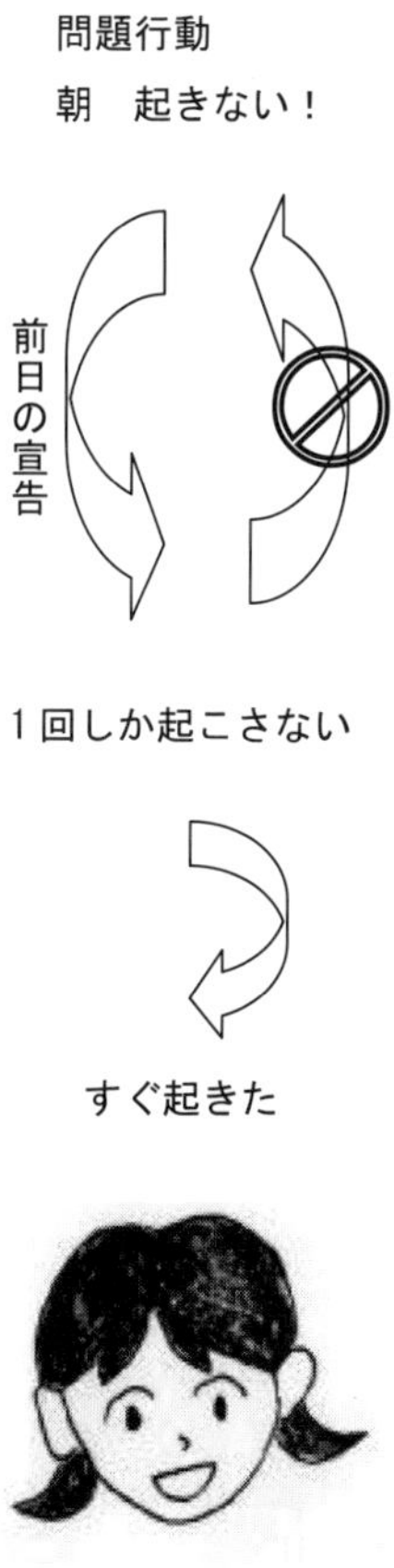

ＯＫメッセージでフォロー

「その後はどう？」とお聞きすると、

「自分で起きてますね」と言われました。

「凄いですね。何かされたのですか」

「はぁ」


まず、親御さんは、スムーズに起きた1回目の朝、アオイちゃんに言葉をかけたそうです。

「お母さんは、1回しか起こさない、と言っただけだけど、アオイは、自分でちゃんと起きてこれたね。お母さんは、凄いと思うな！　アオイは、自分で起きる力をちゃんと持っていたんだね」

と伝えられたそうです。


なるほど、これなら、アオイちゃんの変化が1回で終わらずに、何度も続いてきたのもうなずけます。

2　支度が遅い子どものケース

早くして！


「うちのは、やることが遅いんですよ。とくに、朝が困るんです。朝って忙しいでしょ。それなのに、だらだらだらだら支度をしてるんです。もう、頭にくるんです。"早くしてよ！"と怒鳴っちゃうんです。どうしたらいいですか」

「朝の支度って、どんなことがあるんですか」

「着替えがおそい。食べるのが遅い。歯磨きが遅い。…もう、みんな遅いんです」

「親御さんとしては、忙しいんだから早くしろ、って感じかな」

「ええ」

ある朝支度が早いことに気づいた

ひとしきり、お話をうかがった後で、私からお尋ねしました。

「遅いということなんですが、"おっ、きょうはめずらしく早いな"という日はなかったですか」

「…ああ、そういえば、ありました。遠足の日は早かったですね」

「それは、いい（笑）。そういうときがチャンスなんですよ」

「そうなんですか」

「ありますす。写生大会。…この後、ナナミ（仮名）ちゃんが楽しみにしている行事ってありますか」

「じゃあ、もし、いつもより朝の支度が早かったら、ナナミちゃんにこう言ってあげるといいです。きょうは、支度が早かったね。ナナミは凄いね。だらだらしてばかりだと思ってたけど、ぱぱっとできる力があるんだね」

嘘みたいですが、本当にこれで効果があるのです。

ただし、ここで口を出してはダメ

後日、その後のナナミちゃんの様子をお伺いしました。

写生大会の後も、全体的に、朝の支度が早くなったそうです。親御さんは私に、

「…まさか、写生大会の後も朝の支度が早いことが続くとは思っていませんでした。どうせ、行事のときだけだけろうと思っていたんです。びっくりしました。写生大会の後ですけど、ある朝ね、ナナミに、いつものように"早くしな！"と言おうとしたんです。でも、ナナミは何となく、いつもと違うんですよ。親の私から見ても、早くしようっていう気持ちが、伝わってくるんです。背中が語るっていうんですかね。背中が"声をかけなくても、できるよ"って言っているように感じたんです」

「黙っててオーラですね」

「そ、そうなんですよ。だけど、まだ手際が悪いっていうか、要領は悪いんですね。だから、もう、口を出したいっていう気持ちが沸いて来たんです。けど、ナナミはこんなに頑張っているんだからって思って、〝言わない、言わない〟って自分に言い聞かせていました。苦しかったですけど、そのおかげで、私も、ちょっとは成長できたように思います。駄目ですかね」

「バッチグーです（古い）。お母さん、凄い！　いつもはついつい怒鳴っていたお母さんが、子どもの背中から「頑張ってる」と感じられたなんて凄い」

「私は、感動しました！　何度も言うけど、お母さんは、凄い！　バッチグーです！」

「うわぁ、うれしい。ほめられたの、久しぶりです！」

「お母さん、いまの感じでいいから、これからも続けてください」

「はい、ありがとうございます！」

ほめポイントは、親子一緒の成長

朝の場面で、このお母さんが、口を出さなかったのは本当にナイスアシスト。もしここで、「早くして」と声をかけていたら、ナナミちゃんの、たいせつな伸びる芽・成長の芽を摘んでしまいました。

そして、せっかく自分で頑張っているのに、お母さんはわかってくれないとがっかりしたはずです。でも、実際、このようなお母さん、お父さん、先生が続々生まれました。そして、なにより子どもたちにとって、このような「サポーター」ができたことが、何よりの育つ土壌なのです。サッカーだってサポーターが勝負を左右するといわれます。また、名アシストがあるから、ゴールが決まる。名アシストを繰り出してください。

言いたいときにグッと我慢して、子どものがんばりを口を出さずに見守る。名サポート、名アシストの方法の1つで、すごく大事なのです。

3　お腹が痛いと愚図る子のケース

タカシのケース

長い休み明けや、月曜日になると、「お腹が痛い」「頭が痛い」と愚図る子どもさんがいます。教師時代、私が受け持ったクラスに、そんな子どものひとり、タカシ（仮名）がいました。

夏休み明けの朝、お腹が痛いと愚図っていると、親御さんから私に電話がありました。元々、嫌なこと（嫌いな課題、宿題をやっていない等）があると愚図ったり、月曜日が苦手な生徒でした。親御さんも私も、そういうお子さんなのだと理解し、欠席については余り重く受け止めていませんでした。

もちろん、担任の私は、タカシが欠席した日は「先生からのラブレター」（本人宛の手紙）を届けてもらったり、親御さんに電話をさせていただいたりしました。

それでも、なかなか"朝、愚図る"は改善されなかったのです。

循環図から気づくことがある！

残念ながら、タカシは2学期初日を欠席しました。このまま欠席が続いては大変と思い、これまでの欠席パターンを循環図に描いてみました。

欠席パターンの循環図

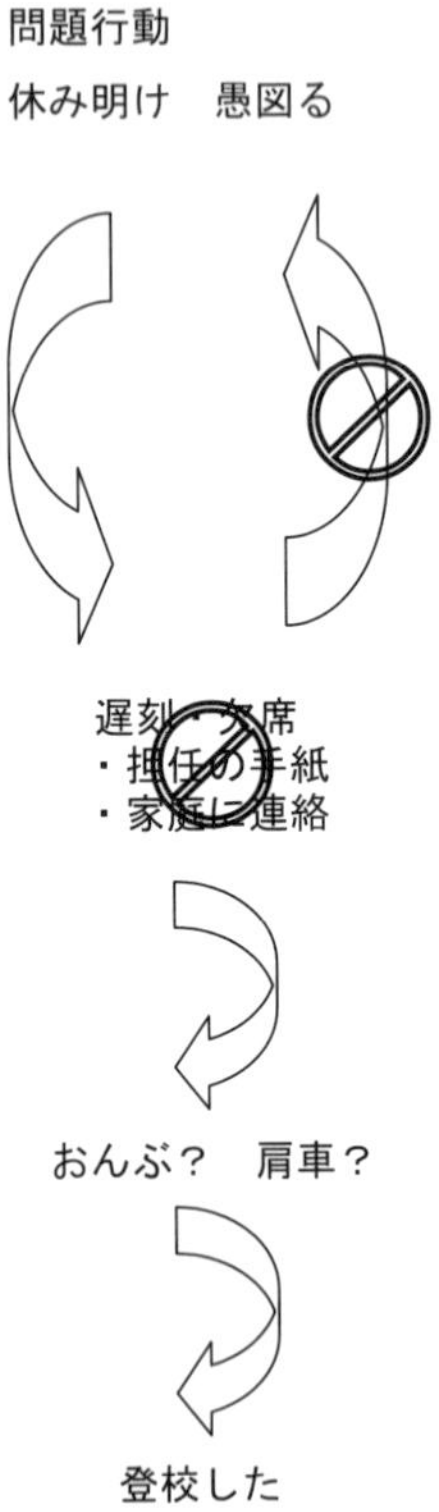

「(私は) 当たり前のことをしてるだけだな」

そんなことを思っているうち、あるアイデアが浮かびました。

おんぶがいい？　肩車がいい？

2日目の朝も愚図っていました。私は、管理職の許可をいただき、タカシの自宅を訪ねました。玄関に入れていただくと、タカシは親御さんのうしろで様子を伺っていました。

「タカシ、おはよう！　おもしろい話があるけど、聞く？」

（…うん）小さい声でタカシは答えました。

「耳をかして」

私はタカシの耳に手を添え、こう言いました。

「夏休みの宿題が終わってないのか？（うん)そっかぁ。いいよ、やったのだけ持ってくれば、ね。それよりさ、ジャンケンしない（…）タカシが勝ったら、先生がおんぶして行く。先生が勝ったら、タカシが先生をおんぶして行く、どうだ（無理だよ～！）そっかぁ～。だよな。じゃあ、タカシが勝ちでいいや。おんぶがいい？　肩車がいい？」

「う～ん、おんぶ」

「わかった。外で待ってるから、用意してきて」

外に出て通学路まで来たところで、親御さんが見送る前で、私はタカシをおんぶしました。

「ではお母さん。宅急便で学校まで運んでいきますので。失礼します」

親御さんは笑っておられました。私は、わっせわっせとかけ声をかけながら、タカシを背負って走り出しました。正門が近くなると、さすがに照れくさいのか、タカシは「もう、いい」と言いました。そして、走って教室に向かいました。

次の日から、タカシは何事もなかったように登校しています。

「うまくいかなかったら、ちがうことをする」

実際、何がいい結果をうむかはわかりません。型どおりの対応をせずに、何でもやってみる柔軟性も必要なのです。

4　忘れ物が多い「忘れ物王子」「忘れ物姫」

忘れ物か？　「よきにはからえ」

クラスにひとりかふたりは、きまって「忘れ物王子」「忘れ物姫」がいます。忘れ物が減らない彼らは、"困ったことをしている感"があまりありません。お絵かきに欠かせない絵の具セットを忘れても、悠然と図工の時間を迎えます。

王子・姫達のあっけらかんとした姿を見る度、担任の先生は、（いくら注意しても直らない）と疲労感が増します。また、王子・姫達の親御さんは親御さんで、

「口が酸っぱくなるほど言ってるんです」

と疲労感と悲壮感が漂います。

忘れ物王子は４割バッターだった！

私は、ある忘れ物姫の例外さがしのために、最近10回の図工の記録を調べてみました。絵の具セットを持ってきた回数を確認すると、10回のうち４回は忘れずに持ってきていました。素晴らしい！　４割打者です。

休み時間、さっそく忘れ物姫のサクラを呼びました。

「サクラ。叱るんじゃないから、大丈夫だよ。サクラ（仮名）は、齋藤先生や他の先生から、忘れ物をしていっぱい怒られているよな。怒られるのは、どう？（いやです）いやだよな。それでな、さっき、絵の具セットを持ってきた回数を調べてみたんだ。そしたら、サクラは10回のうち4回も忘れずに持ってきているんだよ。4回もだよ。だから、サクラは、忘れ物をしない力があるってことだ。凄いじゃないか、サクラ」

忘れ物がなくなった

この声かけの後、サクラの忘れ物は目に見えて減りました。絵の具セットに限っては、ほぼ10割打者に変身。それだけではなく、他の教科の忘れ物もぐんと減りました。

この変化を見て、サクラを知る若い先生が、

「どうやったんですか」

と尋ねてきました。私は、

「10回のうち4回は持ってきていたことを評価したんだよ。サクラには、自分で解決する力があるって」

と伝えました。しばらく考えていた若い先生は、

「6回は忘れていいってことか。…う～ん」

と呟きました。

念のためにお話しますが、6回は忘れていいのではありません。その"忘れている6回"が少しでも減ってほしいので、ほめポイントの4回を評価したのです。

それと、「6回は忘れてもいい」とは言ってないのです。

「10回のうち4回ももってきてる」というポジティブな事実だけを評価するここが大事なポイントです。

先生、安心してください

忘れ物がなくなったからといって、ここで"解決"ではありませんでしたね。この変化を確実なものにするために、OKメッセージのフォローが大切です。

あるとき、机の上に絵具セットを出していたサクラは、私を見てニコニコしています。

「凄い。その調子」

とサクラに声をかけると、

「はい」

という気持ちのよい返事が返ってきました。

何度かOKメッセージを伝えた後、別の用件でサクラを呼んだら、早とちりの彼女は、

「だいじょうぶですよ」

と私より先に答えました。私は笑いながら、

「ちがう用事だよ」

と言うと、

「なあんだ。忘れ物かと思った！」

とゲラゲラ笑っていました。

子どもの素直な笑顔が、とても可愛く感じられました。

もしあなたのお子さんが「忘れ物王子」「忘れ物姫」だったら、あなたも私がサクラをほめたと同じ方法であなたのお子さんをほめてみてください。きっと変化がありますよ。

くれぐれも「10回のうち6回も忘れてる！」なんて言わないようにしてください。

5　先生が怖いと家を出たがらない子どものケース

ぐずぐずし始めた朝

カウンセラーでの事例です。面接室を訪れた親御さんは、朝のトモヤ（仮名）の様子を話し始めました。

「いつからだったか、起きるのが遅くなった日があったんです。起こしに行ったら、なんか、ぐったりした感じで起きてきました。体調が悪いのかなと聞いてみたんですが、別にどこも痛くないっていうんです。それで、ご飯のときも元気がないし、出ていくときもしんどい感じで登校班（登校グループ）に行きました」

「心配ですね。いつ頃からですか」

「ゴールデンウィークが終わってからです。…よくあるじゃないですか。休み中に出かけて疲れたのかと思っていました。でも、その後もず～っと続いているので。最近は、学校を休んでいるんです」

「学校を休んでいるんですね」

先生が怖い

最初に休んだ日。親御さんはトモヤに「何かあったのか」を訊きました。トモヤは「先生が怖い」と小声で言いました。

「トモヤが何か怒られたのか」

トモヤは首を横に振りました。

「それでも怖いのか」

「…ん。みんながちゃんとやらないから、先生が怒ってばかりなんだ。すっごい怖い顔で、大きな声で怒るんだ」

「みんながふざけているんじゃ、しょうがないじゃないか…」

「わかってるよ！　でも怖いんだよ」

打ち明けてくれた勇気がほめポイント！

「先生が怖い」やいじめで登校できなくなった子どもは、親御さんを心配させたくないとか、仕返しされるというような、気持ちを抱えていることが多くあります。また同時に、誰かに支えてほしいと強く思っている場合がほとんどです。

「学校に行かない」と子どもさんが言うと、親御さんはどうしたらいいかわからなくなります。頭の中が真っ白になって、ただオロオロするという方も少なくありません。ましてや〝いじめられている〟となると、わが身をキリで刺されているような苦しみを感じます。

学校に行きたくない場合は、まずは、1つずつ手を打っていきましょう。お子さんとゆったり話せる時間をとり、あなたに打ち明けてくれたことを評価してあげるのがポイントです。仕返しを考えれば、親御さんに打ち明けることは勇気のいることです。


そして、これから先、子どもさんを支え守っていくことを力強い言葉で話してあげます。

「大丈夫、お母さんとお父さんがついてるよ！」


家庭というのは子どもにとって、完璧に護られる場所である必要があるのです。

学校に行かないことを責め立てないようにしましょう。

例えば、子どもが完全に部屋に閉じこもるような場合もあります。

それは、本当に居場所がなくなってしまっている状態なのです。

少なくとも家庭は、「安全地帯」であるべきなのです。それは学校に行くことより以前に子どもにとって大事な条件です。

お子さんが完全に安心できる場所をつくる

「トモヤはいま自宅にいるので、一時避難場所は家庭には確保されていますね」

人は強いストレスを受けると、こころと体が急激に不安定になります。子どもでよくあるのは、トモヤのように、朝の様子が急に変わったり、いつもと違う行動が現れます。注意してください。

もし、それがいじめなどの場合は、学校の中に〝安心できる〟場所を確保してほしい旨を、学校側にお願いします。

その際、担任の先生を通してお願いしてもらえるとよいのですが、お子さんが「先生が怖い」と言っている場合は、難しい場合もあります。

そのときは、スクール・カウンセラーさんに相談したり、話せる先生（以前、担任していただいて、信頼関係ができている）に声をかけてみるのも1つの方法です。親御さんも孤立的に悩まないようにしてください。

打てる手はいろいろあるのです。

しかし、「保健室登校をさせてください」というような表現は、好ましいとはいえません。場所等については、各学校毎の事情もあります。そこで、次のように依頼してみるのも1つの方法です。

「うちの子は、担任の先生が怖くて、いまとても不安定になっています。布団の中でうなされたりしています。でも、学校には行くって言っています。どうしたらよいでしょうか」

6　先生が怖いといった子どもが教室に行けた！

担任を責めてもマイナスにしかならない

親御さんの中には、お子さんの状態にショックを受け、担任を「あなたは教育者として失格」と責める方がおられます。親御さんの心情を思えば当然理解できますが、今後のことを考えると、あまりいいことでもないのです。

それは、あなたの大切なお子さんをお預かりしている担任の先生も、きっと、あなたと同じようにショックを受けているはずです。もし、何の痛みも感じていないようなら、それこそ〝教育者〟どころか〝人としてどうか〟というべきですが、ほとんどの教師はご飯も食べられないほどショックです。

いまは誰かの責任を問うことより、まず、トモヤくんが登校できるようになる対応策をみつけることが先決だと考えるほうが生徒にとってよい環境づくりにつながるのです。

困っていることを具体的に学校には伝える

10日ほど経った頃、面接室にトモヤの親御さんがお見えになりました。

「どうですか」

とお伺いすると、

「いまは学校に行っています」

とおっしゃいました。さらに、

「担任の先生は、頭の硬い人だと思っていたら、けっこう話を聞いてくれました。男の先生なので、怒ったら怖いだろうなとは感じましたが、実際は親身になって聴いてくれたのでよかったです」

と続けられました。

「そうなんだ、よかった」

「うちで困っていることを、ぜんぶ話しました。そしたら、落ち着くまで、例の部屋で過ごせるように手配してくれました。息子がそこにいるとき、担任の先生や校長先生や教頭先生も来てくれると息子が言ってました」

「担任の先生は、柔軟性がありそうですね」

「意外でした。4月に1回顔を見ただけなんで、どんな人かまではわからないですからね。その部屋で、息子とよく遊んでくれてたみたいです」

「ほう！　それは凄い」

いっしょに遊んでくれる先生

子どもさんが不登校になり、教室の別室にいるような場合、担任の先生は〝きょうの予定〟を伝えに行き、「出られそうな科目、ある？」などと聞きます。

トモヤの担任も同様でした。

ただ、違っていたのは、部屋でトモヤといっしょに遊ぶ時間をとってくれたことです。トモヤのやりたいことを聞き、いっしょに遊んでいかれたそうです。

お子さんとの信頼関係を築くには、いっしょに遊ぶのが最適でしたよね。トランプをしたりして、先生も大騒ぎして教室に戻られたそうです。

この「怖い」先生は対応を知っていたということになります。こういう方に接していただけば、お子さんの〝先生が恐い〟も徐々に薄れていきます。

最近の教師は、学級崩壊などの問題があるために、かなり教育心理学的な手法などについても学んでいる場合が多くありますので、適切に対応できる方も少なくありません。学級で子ども同士の関係性の構築を目指す取組みをしている先生も多くいます。

教室に行けた

そんなある日、トモヤの親友のユウタが、友達を連れて別室にやってきました。

そして、

「次の体育、リレーやるんだけど、トモヤは俺たちのチームだよ。いっしょにやろう」

と声をかけてくれました。

少し迷ったトモヤは、

「うん」

と言って、仲間達といっしょに教室に駆けて行ったそうです。

教室には担任の先生がいらして、トモヤの姿を見るとニコニコされ、Vサインをされたのです。

その日の帰りの会のとき、担任の先生は、子ども達の前でこんなお話をされました。

「みんな、ごめんね。…新しい学年になったので、みんなにしっかりしてもらいたくて、いっぱい怒っていました。大きな声なんで、びっくりした人もいるでしょ。" 先生は怪獣だ！"と思った子もいるでしょ？（「はい」笑い）怖い思いをさせてしまったね、本当にごめんね」

「俺、さいしょ、こえーって思った」（爆笑）

「ごめんな。なるべく大きな声は出さないようにするな」

この日以来、トモヤは元気に登校するようになったそうです。

7　学校に行けない・行けるの解決を左右する大人の対応

担任を責めなかった親御さん

長々と" 不登校"について書きました。振り返って思うのは、解決を早めるのも遅らせるのも大人達だということです。
2週間ほどして、トモヤの親御さんが事後報告にいらっしゃいました。トモヤは、その後も元気に登校しているそうです。

「齋藤先生。いまだから言いますけど、私、よっぽど担任に怒鳴り込もうと思ったんです」

「うちの子が不登校になったのは、先生のせいだろって。お父さんも凄く怒っていたんですよ」

「でも、怒鳴り込まなかったんですね」

「だって、喧嘩になれば、間にいるトモヤが可哀そうですもん」

「そうだよね。それに気がついて、怒りをちょっと収めたというわけですね。偉いなお母さん、いい判断です」

「ありがとうございます。でもね、もし担任が〝トモヤが何とか〞家庭がどうとか〞とか言い出したら、わたしキレてましたね！」

「でも、本当にちゃんと対応していただける先生で良かったです」

親御さんが何に困っているかを丁寧に聴く

トモヤの親御さんは感情的になりませんでした。担任の先生は、親御さんのために面談日を設けて対応しました。恐々教室に入ると、まず最初に担任の先生が、

「トモヤ君に怖い思いをさせてしまいました。すみませんでした」

と頭を下げたそうです。

「言い訳をするつもりはありませんが、新学期なので、ちゃんとさせなきゃっていう気持ちがあって、つい大きな声になってしまいました」

私はこの話をうかがって、素晴らしい先生だと思いました。この先生には、自分を守ろうとい

う意図を感じません。ご自身のありのままの姿を親御さんの前に見せることができています。この姿に促されるように、トモヤの親御さんは、家で困っていることを担任の先生に率直に伝えることができる関係性が生まれたのです。

場合によってはこのような対応ができる経験のある教師ではない場合もありますが、その学校の先生すべてがそういう先生ではないのです。

その先生が対応できないなら、学校全体を味方にしようというように大きく考えてみてください。スクールカウンセラーに相談するのもいい方法です。

私、いっしょに遊んでみます

親御さんの冷静な判断、そして、担任の先生の率直さ。この2つが、トモヤが教室に行ける日を早めたように私には思えます。

もし両者が、お互いの"非"を責め合っていたら、子どもさん無視の泥仕合が続いていたかもしれません。

担任の先生は、

「私は、トモヤくんの"先生が怖い"気持ちを和らげるために、トモヤくんといっしょに遊んでみます」

と言ってくださったそうです。

それは関係性修復の1つの方法であることは2章でお話したとおりです。家庭でも使える方法ですので、参考にしてください。

校長先生

ここの校長先生はユニークな方でした。トモヤのいる部屋に入るとき必ず、「校長先生、登場！」とナレーションを言われたそうです。

その度にトモヤは、クスッと笑っていたようです。（古いな。月光仮面じゃあるまいし）と私などは思ってしまいます。

教頭先生はまた、別の意味で面白い方のようです。いつも、トモヤに気づかれないように、そっとドアを開け、「わっ！」と驚かしていかれたようです。

そのようにして、学校の先生たちも積極的に関係性の修復と「学校は安心できる場所だよ」というメッセージを彼に伝えたのです。

解決を早めるのも遅らせるのも、まわりの大人達

”先生が怖い“と学校に行けなくなったトモヤは、まわりの大人達に恵まれて比較的早く登校できるようになりました。早期に対応していたことも功を奏しました。

お互いに相手の”非“を責めても、プラスにはならない。

そのことを、トモヤのケースは結果的に示してくれています。

《コラム　土・日・長期休暇にガッチリやって欲しい父親実践のほめポイント》

土・日には、子ども達にとって、ウィークデーの疲れをとり、次の週に備えてエネルギーを蓄える意味があります。

同時に、日頃の生活習慣が乱れやすいときでもあります。いつもは、決まったときに起きていたのが、土・日になると、いつまでも布団の中にいたりします。

また、翌日が休みなので夜更かしをしてしまいがちです。寝不足の月曜日は、お子さんの学校生活に影響します。

いつもと同じがほめポイント

父親の役割は、家族全員の生活リズムを大きく狂わせないことにあります。日常の細かいことではなく、大きな枠組みを崩さずにいるように目を配れる船長の役割です。

例えば、お子さんが早く起きてきたら、「ふつうの日と同じ時間に起きてきたね。偉いね」と声をかけてあげてください。これもほめポイントです。

たった一言で父親の株を一気に上げる方法

できれば、いっしょに遊ぶなどして、お子さんと過ごす時間をとってあげてください。仕事で疲れてそれどころじゃない。というのも当然ですが、このチャンスを逃がす手はありません。

実は、だめ押しのほめポイントを伝えられると、お父さんの株が急上昇するんです。

ダメ押しほめポイントとは…


「お母さんから聞いたよ。最近、忘れ物をしなくなったんだって?凄いじゃないか」

「弟と喧嘩しないで、仲良く遊ぶようになったんだって？　たいしたもんだ」

　種明かしをすると、ほめポイントは、事前に奥さんから聴いておいて仕込んでおくのです（笑）。日頃、お子さんと過ごす時間が少ないので、「今週は、何かあった?」などと奥様に声をかけ、ほめポイント情報を仕入れておくのが「できるオヤジのその1」なのです。

　お父さんにそう言われた子どもさんは、「お父さんは、忙しいのにちゃんと、私（ぼく）のことを見ていてくれる」と信頼感が必ず急上昇します。1週間分を完璧にとりもどすのに要する時間は「たった一言分」なのです。やらない手はありませんね。

夏休み・冬休みの褒めポイント

　夏休みや冬休み。お子さんにとっては、楽しみにしていた長いお休み。嬉しい反面、どっさり出された宿題にうんざりするお子さんもいるでしょう。中には、"お手伝い"の宿題が出される学校もありますね。ここでは、「おい、宿題やったか?」と何度も聞いたりしないで、できたことにスポットを当てて評価できるといいですね。

「ドリルか?　きょうは2ページも進んだじゃん」

「学校から持ってきたアサガオ、花がいっぱい咲いてるね」

「お手伝い、毎日頑張ってるな」

　これはお父さんも、是非、お母さんからネタを仕込んでやってみてください。楽しいですよ。

長期休みは最後の1週間で、生活リズムを戻す

長い休みは、土・日以上に生活リズムを崩します。毎朝、自分で起きてきていたお子さんが、気がついたら夜更かし・朝寝坊になっていたりします。

そこで、夏休み・冬休みの最後の1週間は、生活リズム復活週間にしましょう。

ここは1つ、お父さんキャプテンが家族の前で堂々宣言します。

「きょうから1週間、いつまでも起きていて寝ない・朝はいつまでも寝ている、そういう生活を元に戻すためにがんばるぞ！」

ただし、父親の役割は大きな枠組みを戻すことですから、あまり細かいことまで口を出すと逆効果になります。あくまで大枠の方針をキャプテンは宣言しましょう。

・朝、決まった時間に起きる
・決まった時間にご飯を食べる
・睡眠時間をたっぷりとる

これらの点に目を配り、繰り返しますが、できたことはすぐ評価してあげましょう。ほめポイントは、気づいたときにすぐ伝えると効果が増します。

4章

勉強や友達関係で悩んでいるときのほめポイント（ケース別）

1　授業に集中していない子ども

きょうだけはちゃんとしてよ！

「リョウタ（仮名）、きょうだけはちゃんとしてよ！」

きょうは、授業参観日。リョウタの親御さんは、まず朝に、釘を一本刺しておきました。

親御さんは、学級の役員をしておられます。

そして、私に恥をかかせないでとばかりに

「いい？　きょうはちゃんとしてよ」と二本目を刺したのです。

私に恥をかかせるな！

授業参観でも親御さんは、リョウタの真後ろに張り付いています。三本目の、無言の釘です。

科目は算数でした。授業が始まると、リョウタの体が動きはじめました。（まずい）親御さんは、軽くリョウタの肩を小突きました。

しかし、親御さんの願いは届かず、リョウタはますます落ち着きをなくし、横を向いたり後ろを向いたりして、果ては机にうつ伏せになってしまいました。見ると足は小刻みにリズムを打っています。

リョウタが家に戻るなり、

「あんたは何やってんのよ！　全然、先生の話を聴いてないじゃない。お母さん、恥ずかしかったよ。なんでお母さんに恥をかかせるのよ。わかってるの？」

「…」

「黙ってんじゃないよ」

「…」

「きょうは、遊びに行っちゃダメ。家にいなさい」

リョウタは黙って部屋に行きました。

ダメなことを責めても悪化するばかり

お父様が帰宅されるなり、お母さんの怒りの報告が始まりました。

「ん。ん」と聴いておられたお父さんは、一区切りついた間合いをみつけてこんな話をされました。

「…で、きょうは席に座っていたのか」

「それは、座ってたわよ。あれだけ人が見てるんだもん」

「じゃあ、凄いじゃないか！　この前、先生に呼ばれておれが学校に行ったときは、席は離れているし、校庭に出たり学校の外に出たときもあったと言ってたぞ。ちゃんと席に座っていたんなら、凄いじゃん」

「そうだけど…そんなの当たり前じゃない」

「落ち着きがないってのは、もうわかってるさ。でも、それを言っててもしょうがないからなぁ。できたことがあったら、おれ達もほめてやろうよ。先生もそう言っていたよ」

「おーい、リョウタ」


座っていられたな！　ほめポイントを実践したお父さん

「リョウタ。お母さんから聴いたけど、授業参観のとき、ずっと席に座ってたんだって？」

「うん」

「前は座ってられなかったけど、頑張ったな。リョウタは、ちゃんと座っていられる力があるんだな。あしたからも、頑張れよ」

「うん」

リョウタの顔が、すこし明るくなりました。

喜びを運んでくれた連絡帳

それからしばらくして、嬉しい連絡帳が届けられました。

そこには、担任の先生からのこんなお便りが書いてありました。

「リョウタさんの親御さんへ。いつも大変お世話になっております。きょうは、嬉しいお知らせをさせていただきます。リョウタさんは最近、席を離れることが少なくなりました。少しずつ落ち着いて勉強に取り組むようにもなりました。素晴らしいですね」

2　ノートに落書きばかりしている子ども

あまりにも平然と落書きをしている

ある年、課題をやらないで、ノートに落書きばかりしているお子さんを担当しました。

課題をやらないで、あまりにも平然と落書きをしているので「問題をやりなさい」と注意しました。

そうしたら、その場で自分の机と椅子を逆さにして重ね、黙って教室を出て行ってしまいました！

結構凄い生徒さんに私は遭遇していると思いませんか。こういうことが現実にあるのです。

目に見えないほめポイント

もちろん、「集中して絵を描く力があるね」とほめたら、落書きOKになってしまいます。

ここは1つ、じっくり観察してみようと思いました。

すると、私が黒板に課題を書いた後、しばらくじっと（黒板の）その場所を見ています。何やら口も動かしていて、軽くうなずいたと思ったらまた"落書き"を始めました。私は、ユウト（仮名）の仕草の意味を知りたいと思いました。

「ユウト」

ユウトは黙って顔を私に向けました。

「さっき先生が課題を書いた後、何かひらめいたんじゃない？　わかった、って？」

「はい」

と言ったので、「ノートに書けばいいのに」と私が言うと、ユウトは「めんどう」とぶっきら棒に答えました。（やっぱり考えていたんだ！）

「じゃあ、書かなくていいから、いま教えてくれる？」

「めんどい」

「いいじゃん。たのむよ」

このあとユウトは、自分の考えを長々と話してくれました。私は聴きながら、ユウトの考えの奇抜さに感動していました。

「その考え、凄いね。ユウトしか思いつかないと思うよ」

と伝えて、私は教師の机に戻りました。

もう１こ書いてくるから見てください

さてと、ユウトを観察してみると、どうやら落書き以外のことを一生懸命書いています。（何を書いているんだ？）と思っていると、ノートを持ってユウトが駆けてきました。

「先生！　これは、どうっすか」

と言って、細かい文字でびっしり書いたノートを見せてくれました。

「よく考えられているね。おもしろい」

と伝えると、ユウトは微笑みながらこう言いました。

「もう1こ書いてくるから、見てください」

落書きを活かす

この日以来、ユウトは課題に取り組む時間が増え、それと同時に落書きも減っていきました。落書きが完全になくなったわけではありませんが、それよりも、ノートにしっかり自分の考えが書けるようになったのです。

その落書きですが、たいへん細かくて感心します。何かに活かせないかと考えていたとき、ちょうど、社会の歴史調べの授業がありました。調べ終わったら新聞にまとめて発表する予定です。


そこで、ユウトにこんな声かけをしました。

「ユウトは細かい絵を描くのが得意だから、イラストとかを自由に入れていいからな」

すごい！　まわりの子供から評価された

出来上がったユウトの新聞は、クラスのみんなを驚かせました。細かい文字と細かいイラストで埋め尽くされたユウトの新聞は、それは素晴らしいものでした。

「絵、うまいんだね」

「よく調べたね」

「先生、よく最後まで書きましたよね」

子ども達の感想は、率直でおもしろいと感じました。

秋の父兄懇談会後、ユウトの親御さんが残って話していかれました。

「齋藤先生、ユウトのいいところを活かしてくださってありがとうございました」

と言われたのです、
私はユウトのほめポイントを見つけただけで、あとは全部ユウト自身が自分でやったことだということが大事です。

3　手いたずらばかりで困ると先生に言われた子ども

マオの相談

4月の終わり頃、思い詰めた表情でマオ（仮名）の親御さんがやってきました。

「齋藤先生。懇談会のあと、うちの子の担任の先生に呼ばれたのですけど、それって、問題が深刻だってことですか」

「…。深刻というよりは、担任もどうしていいかわからないのかもしれないですね」

こんな話から、マオの相談は始まりました。

授業中、粘土や折り紙

親御さんの話によると、マオちゃんは、授業中、粘土を出していじったり折り紙をしていたりしているそうです。いくら注意をしても改善されないので、懇談会のあとに呼び止められたようです。

マオちゃんは小学1年生なので、これくらいは、まぁ普通にあることなのではと私は思っていましたが、

「これからのことを考えると、いま、ちゃんと直しておかないとならないです」

と担任に言われたそうです。

「齋藤先生、どうしたらいいでしょうか」

担任の言葉にとらわれすぎなくてもいい

「担任は、手いたずらばかりしている、と言ったのですね」

「…ばかりか。…お母さんは、少し深刻に考えすぎていないですか」

「想像してみてください。始まりのチャイムが鳴ってから、終わりのチャイムが鳴るまで、一秒の隙間もなく手いたずらをし続けることって、あり得るんですかね？（…）」

私はあり得ないと思うなぁ。

「いくら子どもでも、45分も手いたずらを続けたら飽きちゃうんですよ」

「きっと、1時間の授業の中で先生の話を聴いていたり、ノートにきちんと文字を書いたりして

いた時間が少しはあると思います」

「…ええ。…そうですよね。いたずらばかりなんて、ないですよね」

「きょう帰ったら、マオちゃんに聞いてみたらいかがですか。きっと、ほめポイントが見つかると思います」

「わかりました。…そうですよね。そればかりなんて、あり得ないですよね」

ダメなことの中にあるほめポイント

それからしばらくして、マオの親御さんがお見えになりました。

「どうでしたか」

「マオも頑張っていることがわかりました」

「よかった」

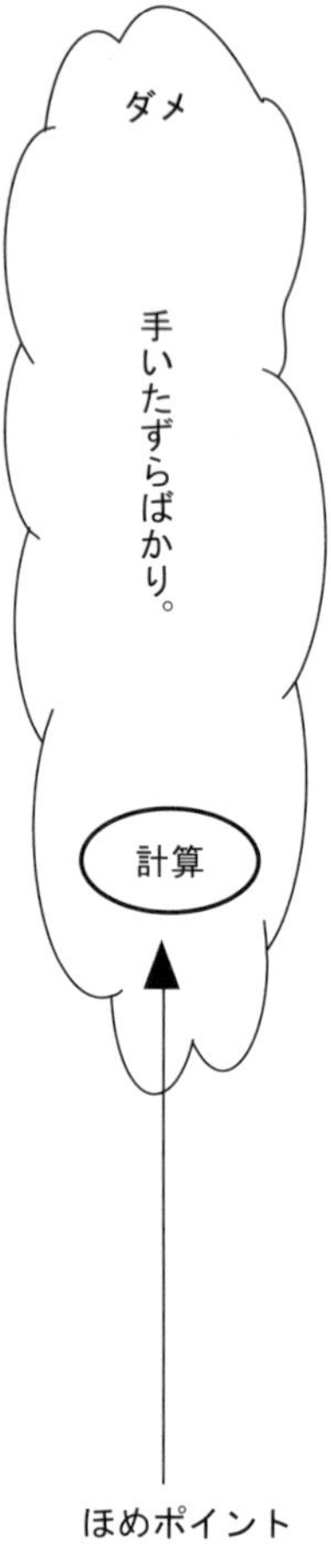

親御さんによると、ある日お子さんに、

「先生が、マオは勉強をしないで遊んでばかりいますって言っていたけど、ほんと？」

と聞いてみたそうです。

（直球を投げたなぁ）そうしたら、マオちゃんが、

「マオはちゃんとやってるよ」

と言って計算ノートを見せてくれたそうです。

ぺらぺらめくって見てみたら、ちゃんと計算が書いてあって、おまけに丸をたくさんもらっています。ノートを見終わった親御さんは、マオちゃんに、

「マオはこんなに頑張っていたんだね。凄いね。気づいてあげられなくてごめんね」

と率直に話したそうです。

4　友達を叩いたと学校から電話があった子ども

テルくんの話をよく聴いてあげてください

「齋藤先生……夕食後、テル（仮名）の担任から「連絡帳をみていただけましたか？」と電話がありました」

「他の子供を叩いたという先生の話をきいて、頭に血がのぼった私は、連絡帳を出すようにテルを怒鳴りつけました」

「そこには、息子が他の子と喧嘩をして叩いてしまいましたと書かれていました」

「連絡帳を見せなかった怒りと、他の子を叩いた怒りが合わさり、私は目の前の息子に手を挙げたい衝動に駆られたんです」

　しかし、先生から、

「テルくんの話をよく聴いてあげてください」

と言われていたので、ぐっとこらえて話を聴くことにしました。

感情的にならずに理解する

「何があったの？」

「……」

「怒らないから、言って」

「あっちが先にやってきたんだ」

「そうなんだ。…それで？」

「だから、おれがお返しをした」

「殴ったのか？　グーで？　どこを殴ったの？」

「…。むこうの子が先にやったんなら、先生は連絡帳なんか書かないんじゃない？」

「怒らないから。言ってごらん」

「……ふざけて、叩いた」

「それで、むこうの子が何かしてきたんで、テルがグーで殴ったの？　ムカついて？」

「うん……」

普通なら「何やってんの！」「あんたが悪いのね！」と言いそうな場面です。


隠さずに言えたねとほめポイントをつくった

「テル、よく嘘つかないて言えたね。テルは偉い。でも、むこうの子に怪我をさせたら大変だよ。わかるよね？　グーで殴ったら、歯が折れたり口の中が切れたりして血がでるかもしれない。むこうの子は怪我しなかった？」

「怪我はしてない。泣いてた」

「痛かったんだろ。これから、お母さんと謝りに行こう」

ダメ
友達を叩いた。
隠さずに
話してくれた
ほめポイント

私、頑張りましたよ

謝りに行かれてから数日後、テルの親御さんが私のところにやってこられました。

この間の出来事をひとしきり話された後、

「齋藤先生、私、頑張りました」

と胸を張りました。

「うん、頑張った頑張った。凄いよお母さん。前だったら手を挙げていたんじゃない？」

「そう。たぶん、叩いていた」

「今回の喧嘩のことでさ、一番頑張ったのは、お母さん！　次は、嘘をつかないで話してくれたテルくん。ふたりに花丸です」

「はい。嬉しいです！。なんだか私も成長できた気がします」

5　算数が苦手でも、できる子になるほめポイント

苦手強化は課題は少なく、ほめる場面を多く

私が教師のとき、放課後、算数が苦手なお子さんが自由に参加できる" 算数教室 "を開いた年がありました。初日には、1クラス分ほどの人数が集まりました。

その中でも、算数が特に苦手な数人がいて、ツバサ（仮名）もその1人でした。

算数教室は、自分で選んだプリント（問題は50～100問）に取り組み、できたら解答プリントを見て自分で丸をつける仕組みでした。いざ始まってみると、ツバサ達はほとんど問題ができ

ませんでした。

　そこで、ツバサ達だけの特別ルールをつくりました。

「問題は10問ずつやっていくよ。最初の1問は、齋藤先生といっしょにやります。2問目は、自分でやったら、齋藤先生のところに持ってきてください。そしたら、丸をつけてあげるよ。それで、合格！　と言われたら、残りの8問をやります。わかった？」

「は〜い」

　この特別ルールは、最初の1問で、わからないところをなくします。2問目は、わかったかどうかの確かめです。正解であったら、

「はい、正解！　合格！（やったぁ）自分でできたね。凄い！」（ほめポイント）

と評価します。

　もし2問目ができていなかったら、もう1度いっしょに問題を解きます。つまり、私の手を離れても問題ができるようになるまで、何度でもいっしょにやるわけです。

　そして3問目が、今度は自分で解いて持ってくる問題というわけです。

ほめて伸ばすの本当の意味

　子ども達は、この特別ルールが大好きでした。１００問やって自分で丸をつけていたのでは、やはり味気ないというかつまらないのです。特別ルールの1問目、2問目あたりは、どのお子さんもたくさん評価してもらえます。

例えば、問題が完全に正解出ない場合でも、

「ツバサは、繰り上がりの小さい数字を書かなくても、頭の中で計算できたんだね。凄いや！」

「2問目、終わるのが早かったね。大丈夫？　あわててない？　どれどれ。よしっ、正解。合格！」

「おっ、10問終わったな。どれどれ、全問正解かな？　ドキドキだなぁ。はい！　百点。凄い！」

といった具合です。


算数が特に苦手なお子さんは、自分のペースよりもはるかに速いスピードで進む教室での授業に、残念ながらついて行かれずに置き去りにされたケースが多くあります。

特別ルールで、こうやって小学校や中学レベル、高校レベルの勉強というのは、実はひとりひとりのペースに合わせて完全履修を目指せば、わからないお子さんはそんなにいないレベルなのです。これはご家庭でもできます。

もし、お子さんが酷い点をとってきても、酷い点の中のできている部分。例え、0点でもいいのです。その中のできている部分をほめます。文字を書いているだけでもいいのです。

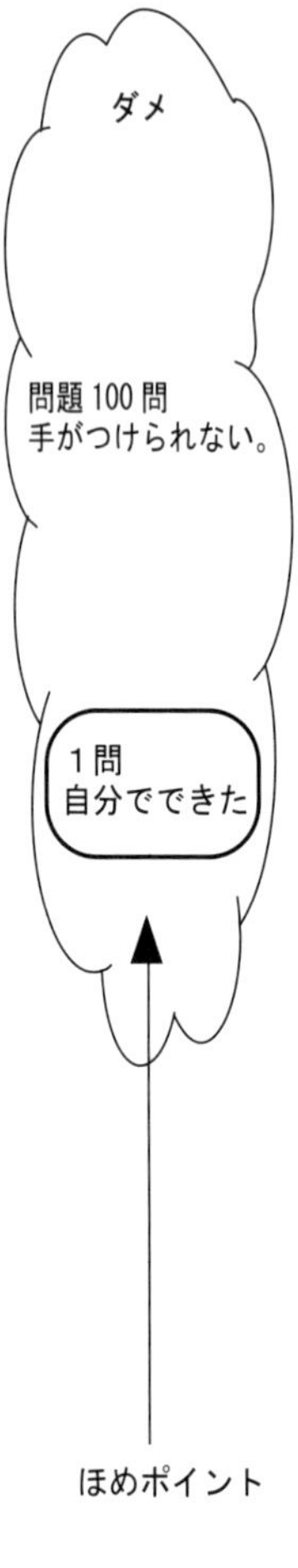
ダメ
問題100問
手がつけられない。
1問
自分でできた
ほめポイント

「考えたんだね。凄いね！」

まずはそこから事実を伝えます（ほめポイント）。

こうして、ぐんぐんやる気が出た

特別ルールで補習をしていくうちに、やる気を出すお子さんが次第に現れてきました。「先生、10問じゃなくて、50問全部やってしまっていいですか」「先生、プリントを何枚かもらえますか」などなど……自分で自分にチャレンジし始めます。

手取り足取りの必要がないときは、子ども達のところを私はまわります。「いいね、その調子」「できてる」と、OKメッセージを伝えていくのです。

算数教室も回を重ねるごとに、子ども達の嬉しい報告が届けられるようになりました。「齋藤先生、見て見て。算数テストでね、はじめて90点とれたよ！」

「よかったねぇ」

「帰ったらお母さんに見せる！」（いいぞ！）

6　他の子より遅れていると感じたら、このほめポイント法

遊びが幼い

「先生、うちの子は他の子より遅れていると思うのですが、どうしたらいいでしょうか」

不安そうな眼で、ユイ（仮名）の親御さんは話し始めました。

「どうしてそう思われたのですか」

「遊びが幼いんです。未だにお人形さんで遊んでいて、何か話しかけたりしているときがあります。あと、同年代の友達がいなくて、いつも妹と遊んでいます。あと、この前気がついてびっくりしたのですが、計算ドリルを指を使ってやっていたんです。…もう、驚いちゃって。この子、大丈夫なのかなって心配で。先生、大丈夫でしょうか」

「３年生でしたよね」

「そうです」

成長は子どもによって違う

何も心配はないと思いつつ、確認のために聞いてみました。

「勉強の中でね、他のことと比べて、ダントツにできないことはありますか。例えば、音読が全然できないとか、落ち着きがなくて椅子に座っていられないとか、よく喧嘩をするとか‥もしかしたら、担任の先生から、何か言われたのかな」

「はい。この前の個人面談で、他の子についていけなくて、ちょっと心配ですね、と言われました」

（はっきりいう先生だなぁ……よくあることなのに……）

「そうか。それで心配になって、このままでいいのかなって不安になってしまったわけですね」

「はい」

「お母さん、結論からいうと、大丈夫です！　先生達は、どの子にも同じ力をつけたいって思っているから、そう言われるんですよ。でも、成長は子どもによって違うんです。小学生のときは差があります。まずは指を使って計算をしていたっていいじゃない。それが、いまのユイちゃんのほめポイントなんだから。子どもはいつまでも、同じ駅に停まっていることはないんです。少ししたらまた次の駅に動き出すから大丈夫だよ」

いまできている事実を徹底的にほめる

親御さんや教育者の中には、「1年生は○○ができてほしい」「2年生は○○ができてほしい」と堅く信じていらっしゃる方がいます。

よく聴いてみると、“できてほしい“が”できていないとおかしい“に変わっておられる方もいます。

そういう視点で見ると、ユイのようなお子さんは、あれもこれもできないと見えるかもしれません。

これは人間の成長にとって、あたり前のことですが、お子さんは、皆同じスピードで同じ駅に停まって、同じように成長していくわけではありません。

あの福沢諭吉ですら中学まで文字が読めなかったのです。坂本龍馬もです。そういう偉人は多いものです。

近代脳科学では早く大人にならない脳ほど後伸びするという脳科学者もいます。

まずは、いまできていることを評価することが大切です。例えば、ユイさんの場合なら、

「お人形さんといっしょに、お話がつくれるんだね」

「いつも妹と遊んでくれて、お母さん、助かってるんだ。ユイは、泣いている子を笑わせるのが得意だもんね」

「(指を使って計算をしていたら)最後まで、よく計算頑張ったね」

というほめポイントをつくってあげます。

こういうふうにユイちゃんを認めてあげたら、ユイちゃんの自信メーターはぐんと上がりはじめます。

そして、高学年になると、段々伸び始める……というお子さんは多いのです。

ほめポイントは、ダメだと言われたことから「できている事実」をみつけてほめます。徹底的にやってみてください。

子どもさんが明るく自信をもちはじめ、苦手教科が段々と得意になってゆきます。

ダメ
他の子より
遅れている。
いま、できて
いること
ほめポイント

7　友達関係がうまくいかない子

うちの子が友達関係に悩んでいる

お約束の時刻ぴったりに、シオリ（仮名）の親御さんは面接室にこられました。

「どうなさいましたか？」

「うちの子が友達関係に悩んでいるみたいなんです。不安定っていうか、ちょっとしたことで怒り出したり泣いたりするようになりました。部屋に閉じこもることもあります」

「いつぐらいからですか」

「運動会のあとくらいからですね。一度きいてみたんですね、そしたら、友達関係としか言ってくれませんでした」

「ゆっくり時間はとってあげられませんか」

「どうせ子どもですから、くっついた・離れた・あの子に無視された…みたいなことだと思います。くだらないことだと思いますが、あんまり不安定なんで」

じっくり話をきくことが最初のステップ

実は、いまの子ども達は、人間関係を保っていくのが、大人が考えている以上に下手です。

友達関係がうまくいかずに悩んでいるお子さんは大勢います。ありのままの自分は見せずに、学校や友人向けの自分を演じて自分を守っているお子さんもいます。

友達の言葉の真意を理解できず、傷つく子どもさんも沢山います。

私はそういう側面から、子どもさんの悩みを、あまり軽くあしらわないほうがよいと思う立場です。

お子さんが不安定になったり、部屋に閉じこもるようになったら、一度たっぷり時間をとって話をきいてあげる必要があります。

そうしてみると、いまの子ども達は大変なんだなぁって理解が深まるかもしれません。

シオリの場合は、かなり深刻な可能性があるので、このままでは心配ですから親御さんに、

「私達が子どもの頃の悩みって、いまお母さんが言われたように、そんなのどうでもいいじゃん、みたいなのが多かったですよね。でも、いまの子どもさんは、私達の想像以上に気を遣い合ってつきあっているケースが多いんです。私なんか、しんどいだろうなって思うんですけど、それと、友達の一言にとても傷つきやすいので、何かが起こってからでは遅い場合もあります。1度、ゆっくり時間をとってあげて、シオリちゃんの話を聴いてあげてくださいませんか」


こういうケースでのほめポイント。

シオリのお母様に、私のアドバイスがどれだけ届いたかは気になりましたが、待つだけ待ってみようと思いました。

2週間ほどして、親御さんが見えました。

「時間、とれました？」

「ええ、何とかとってあの子の話を聴きました。考えてみると、これまで、あの子の話をじっくり聴いてあげるなんてなかったですね。先生に言われて、よい機会になりました」

「友達関係、たいへんでしょ」

「ほんと、たいへんですね。私達の頃とはぜんぜん違います。あれじゃあ、まわりに気をつかいすぎて疲れてしまいますね」

「そうだよね。ほんと、そう思います」

「だから私、大変だね、よく頑張ってるねって言ってあげました。素直にそう思ったんです」

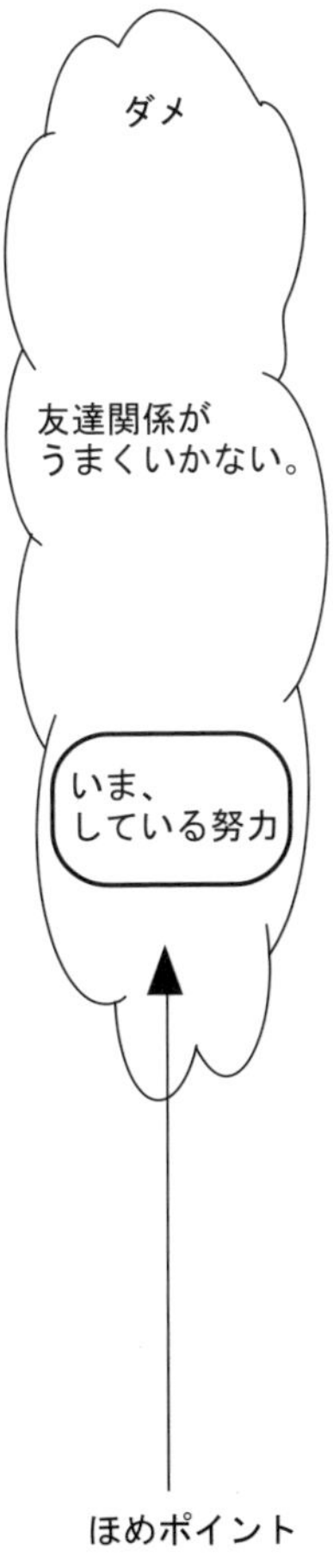
ダメ
友達関係が
うまくいかない。
いま、
している努力
ほめポイント

「まずは、それでいいです。子どもさんはいま、そうやって、人間関係を学んでいる時期なんです。失礼な言い方かもしれないですが、お子さんの話をしっかり聴いてあげた、シオリちゃんのお母さんにまずは花丸です」

「花丸なんて、小学校以来です（笑）」

《コラム　いじめに気づいたときの父親のほめポイント》

実は、私達大人の気づかないところで、子ども達のいじめは、とても陰険で凄惨なものになっている現実があります。

・ノートに「キモイ」「死ね」等と書かれる。
・靴の中に悪口を書いた紙を入れられる。
・毎日、殴られたり蹴られたりする。
・クラス全員が無視する。
・ネット掲示板に悪口をかかれる。

などなど……。

いじめ被害者のお子さんは、恐怖心から教室に入ることができなくなってしまいます。また、寄り添って話を聴いてくれる友人がいないと、激しい孤独感から「消えてなくなりたい」「死にたい」と思い詰めてしまいＴＶでも報道されているような悲惨なことが起こりかねないのです。

まずは、お子さんに寄り添って聞く！

お子さんのいじめ被害に気づくきっかけは様々あります。総じて言えることば、”いつもと違う“ということです。いつもと違って気持ちが不安定、口数が少ない、不自然に明るい、甘えてくる…です。

お子さんのこんな様子が気になったら、できる限り時間をとって、何が起きているかを聴いてあげてください。お子さんの話を聴いているうちにショックを受け、激しい悲しみや怒りを感じることもあります。

でも、一番苦しんでいて追いつめられているのは子どもさんですから、冷静に最後まで聴いてあげてください。ここが大事です。

大丈夫！　おまえは独りじゃない！

お子さんが話し終えたら、折れかけの心を包み込むように抱きしめてあげるのもいいことです。そして、子どもさんの恐怖と孤独感をぬぐいさる言葉をかけてあげてください。

「怖かったたな。…独りで寂しかっただろうな。…いままで気づいてあげられなくて、ごめんな。きょうからお前は独りじゃない。お父さんとお母さんがついているからね！もう、独りで悩まなくてもいいよ。お父さん達もいっしょに考えるよ」

話してくれた勇気にほめポイント

いじめが大人達に気づかれ難いのは、気づかれないようにするからですが、いじめ被害者が周りの大人達に言えないからでもあります。理由はいくつかあります。

- 仕返しをされる恐怖。
- ちくる（大人に知らせる）ことは弱虫だと思い込んでいる。
- みじめな自分をみせなくない。

・親に心配をかけたくない。
・大人達に解決できるはずがない。

そういう気持ちを持ちつつ、父親のあなたに話してくれたということは、一番の勇気を出したのです。その勇気に対して「お前はちゃんと話してくれる勇気のある子だ」と評価してあげたいですね。

特にお父さんの力強い「大丈夫。お父さんがついてる心配するな」という一言は、強力な味方なのです。そして、家庭は絶対的な安全地帯になります。

5章

しつけなくっちゃと思ったときの叱らないで済むほめポイント（ケース別）

1　宿題をまったくやらない・すぐ投げ出す子ども

活発で明るいレオのケース

「宿題、終わったのか」

「うーん」

夕飯の準備が一段落したので、お母さんは（ほんとに終わったのかな？）と思いつつ、レオ（仮名）のプリントを見てみました。

何と、自分の名前を書いただけで「おわり」。

やってないじゃないと怒る前に

レオが帰ってくるなり、お母さんは、

「レオ。ぜんぜんやってないじゃない！」

とカミナリを1つ落としました。

「後でやろうと思ってたんだよ。いいじゃん、名前は書いたんだから」

「名前を書くのは当たり前でしょ！」

宿題をやったら遊びに行け

　次の日。お母さんは、きょうはレオに負けるわけにはいきません。

「宿題終わらなきゃ遊びに行かせないよ」

「ええ～、何でだよ～」

「いいから、やりなさい！」

　文句たらたらで、レオは宿題プリントをやり始めました。ところが、10分もしないうちに「終わったよ」と言って、外に駆けだして行ってしまいました。

　プリントを確認すると、20問の計算のうち４問ほどやってありました。「４問……泣」


ほめポイント・４問集中してやる力がある！


　あきれてプリントを見ているとき、お母さんは、ほめポイント・セミナーのことを思い出しました。（この４問のことをレオにほめたら、ほんとうに変わるかどうか、やってみようかな…）

　玄関で音がしたので、

「レオ?…ちょっとおいで」

と呼びました。

「レオ。プリントを見たよ」

「後でやろうと思ってたんだって」

「違うのよ。お母さんは驚いたよ。レオは、４問やる時間だけ集中する力があるんだなって…」

とほめポイントを伝えてみました。

ポカンとしていたレオは、冷蔵庫の牛乳を飲み干すと、やりかけのプリントにとりかかったのです。

(ま……まるで魔法?……)

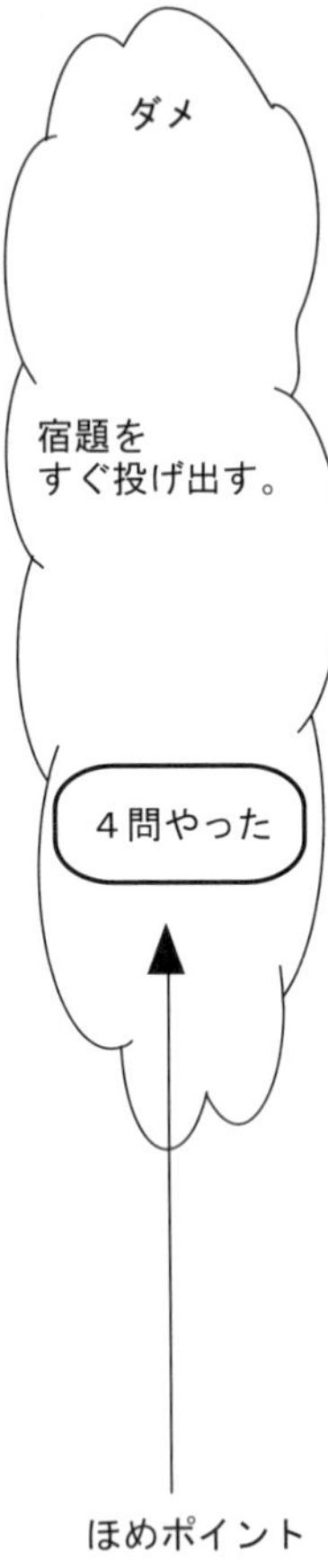
ダメ
宿題を
すぐ投げ出す。
4問やった
ほめポイント

レオの変化

そして、ほめポイントを伝えた日から、レオに変化が起こりました。

ただ、完璧に全部やるようになったわけではありません。でも、文句たらたらでやっていた宿題を、何も言わずに始めるようになったのです。

「おっ。始めたね」(OKメッセージ)と声をかけると、

「……」

黙ってやっています。

「すごいね。毎日自分でやる力があるね。お母さん勘違いしてたよ」

ときどき、前のようにやらない日もありますが、ほめポイントの前とはまったくちがいます。

一番楽になったのは、お母さんは怒らないで済むようになったことです。

2　連絡帳（配布物を含む）をまったく出さない子どものケース

ヒマリ（仮名）のケース

お母さんが、夕食の支度をしているとき、担任の先生から電話がありました。

「お忙しいところ、すみません。家庭訪問の日取りですが、ご希望の日と時間を教えていただけますか」

「えっ？　家庭訪問ですか。　え？　学校からお手紙とかは配られました？」

「はい。1週間くらい前にお子さんに持たせたんですが・・・」（ヒマリ〜！）

「すいません。子どもがなくしちゃったみたいで、もう1枚もらえますか。日にちは、空いているところでいいです！」

お母さんの頭から湯気が立ちのぼっています。


これはＮＧ！　恥をかかせるんじゃないよの一言

「ヒマリ、おいで！　家庭訪問のプリント、お母さんに見せた？（うん）お母さん、見てないよ！

あんた、また見せなかったでしょ。連絡帳を持ってきて！……ほら！　連絡帳に、家庭訪問のことが書いてあるじゃない。どうしてお母さんに見せないの？　恥かいちゃったじゃない」

ヒマリは、しょんぼりと肩を落として部屋に行きました。

そういえば……㊙テクをやってみるか

お母さんは、ため息をつきました。

（いくら怒っても直んないわ。ヒマリがちゃんとしないから怒ってるのに、泣きべそかいてると、何か罪悪感を感じるしなぁ……。…そう言えば、あの先生が〝㊙テク〟とか、面白いことを言ってたわね……）

親御さんとヒマリちゃんは、悪循環を繰り返していました。

同じことを繰り返していても仕方がありません。疲れるだけです。

お母さんは、図の中の「叱る」を引き算でとって、「玄関に、連絡帳を見せると書いた紙を置く」を足し算で入れることにしました。

次の日から、ヒマリが帰る少し前に、マジックで書いた紙を玄関に続く廊下に置きました。

しばらくすると、ドアが開く音がしました。

お母さんは普段通りを意識して、

「ヒマリか？　おかえり」

と言いました。

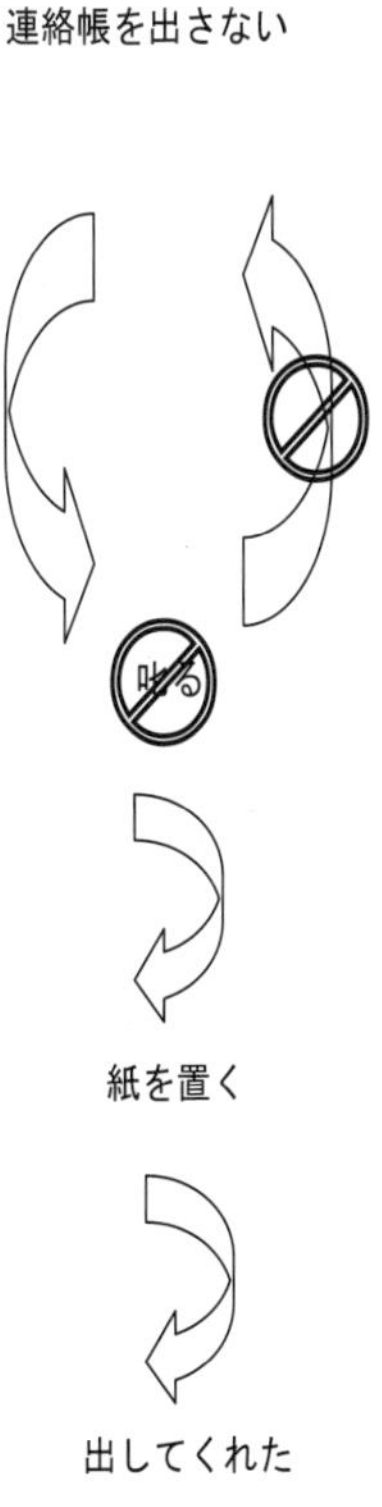

連絡帳を出した！

夕食の支度をしていると、ヒマリが私の洋服をつまんで引っ張りました。

「何？」

「はい、これ」

ヒマリが、連絡帳とプリントを渡してくれました。（おおおお！）

「ヒマリ、えらいね。ちゃんと見せてくれたね」（ほめポイント）

「うん」

3　次の日の用意をまったくしない子どものケース

お母さん、情けなかったよ

タツヤ（仮名）の親御さんは、つい先ほど個人面談から帰ったばかりです。担任の先生から、

「次の日の勉強の用意をいっしょにやってあげていただけると助かります」と言われてきました。

（あれほど言っているのに）と憤慨していました。

「ただいま」

「タツヤ。こっち来な」

「なぁに？」

「きょう、先生に会って来たよ。お母さんが毎日、言ってんだろ。次の日の用意をちゃんとしろって。お母さん、怒られちゃったよ。情けねえなタツヤは」

「……」

「きょうから、タツヤが次の日の用意が終わったら、ご飯を食べることにするからね」

用意ができたら、ご飯を食べる

この方法は、親御さんは意識されていなかったそうですが、㊙テクになっています。これまで、ほとんど効果のなかった〝口で注意をする〟を引き算して、その代わりに〝用意ができたらごはんを食べる〟を足し算しています。

罰としてご飯を抜きにしてしまうと、これは罰が嫌で用意をするようになるだけですから、タツヤの親御さんの㊙テクは冴えています。

タツヤができたら、いただきますだ！

夕飯の準備ができた頃、お父様や妹さんも帰宅しました。タツヤのお母さんは、家族に宣言しました。

「きょうから、タツヤが勉強の用意ができたら、いただきますをするよ」

「えぇぇ？　うっそぉ」と妹さん。お父様は、

「よっしゃ、タツヤができるまで待ってるか！」

と大きな声で言われました。

お父さんとお母さんの阿吽の呼吸ですね。


用意ができた！

お父様の言葉が起爆剤になったのか、タツヤはすぐに次の日の用意を始めました。

「えっと、3時間目は虫取りだから…あっそうだ！　お父さん、虫取り網ある？」

「夏休みに買ったのが物置にあるぞ」

「わかったぁ」

タツヤは急いで、虫取り網と、ついでに虫かごを持ってきました。

最後にもう一度、時間割とランドセルの中を見比べて、「よし」と言いました。

「できたよ！」

「偉いなタツヤ」

と親御さんが揃ってほめポイントを伝えました。

「いただきま〜す」

みんなが笑顔になって、楽しい夕食がはじまりました。

4　兄弟喧嘩ばかりする子どものケース

カエデ（仮名）とコトネ（仮名）の喧嘩

「カエデとコトネは、喧嘩ばかりしているんですよ。年が近いせいもあるんでしょうが、何かよい方法はありませんか。喧嘩したら、オヤツ抜き、とかやってみたんですけどダメでした。1人を叱ると、何で私ばっかりとすねるし困ってるんです」

そこで、親御さんと一緒に例外さがしをしました。

すると、時々は仲良く遊ぶこともあるそうです。そういうときは「仲良く遊べて偉いね」と声をかけていらっしゃるようです。

でもまた、ちょっとしたことで兄弟喧嘩が始まるようです。

ほめポイントの命中率をアップさせる方法

私は、ふたりの親御さんが、ほめポイントを拾い出して子ども達に伝えている点を評価しつつ、「ほめポイントの命中率を上げませんか」

と提案しました。

「命中率をあげる？」

どういうことかと言うと、「仲良く遊べて偉いね」はよいのですが、これはふたりをまとめての”好ましい状態“を表しています。カエデちゃんとコトネちゃんが喧嘩をしているときに、ふたりまとめていっぺんに仲良くなるわけではありません。

どちらかが、何らかの行動を起こした結果として仲良くなったのです。

そこで、ほめポイントを、次のように変えてみます。
・カエデから先に謝って止められたね。
・コトネは、言いたいのを我慢して止められたね。
など。

兄弟は「あなたたち」とひとまとめにせず、カエデは……コトネは……というふうに個人個人を重視します。これは、教室でも同じことです。

まずは、個人としての尊重。それがなければ、兄弟・仲間・私達という関係性は構築できないのです。ひとりひとりの行動の結果として喧嘩をやめたことを、ピンポイントで評価します。

兄弟喧嘩が減った！

しばらく経ってから、カエデとコトネの親御さんがみえました。

「どう？　何か変わりましたか」

「はい。言い方を変えたら、喧嘩が減ったような気がします。見てると、喧嘩を始めるんですが、しばらくすると『ごめんね』と言って、どちらからともなく止めるようになったんです」

「そうなんだ、よかったね。でもまあ、兄弟喧嘩はそうそう悪いってわけでもないしね」

「うん、私もそう思います。喧嘩したり仲直りしたりして人間関係を学んでいるんですよね」

「そうそう。お母さん素晴らしい！」

ほめポイントを発明しました

「あっ、それから私、新しいほめポイントを発明しました」

「なになに、きかせてください」

そうやって、教えていただいたのが次のほめポイントです。

・自分が悪いのを認めて謝れたね。
・きょうは2回しか喧嘩をしなかったね。カエデもコトネも仲良くできる力があるね。
・いまの喧嘩は、10分で自分たちでやめられたんだね。偉いね。

ダメ
兄弟喧嘩ばかり
・先に謝ってやめた。
・一言を我慢した。
ほめポイント

「すごい、すごい」

本書をお読みのあなたも、カエデちゃん達の親御さんのように、ほめポイントや「足し算引き算㊙テク」をたくさん発明してくださいね。

5　勝手にお金を持ち出す子どものケース

さびしがり屋のミオのケース

ミオ（仮名）の親御さんは、お財布の中からちょくちょく小銭がなくなるのを知っていました。

そして、どうやらそれが娘のミオの仕業であることも気づいていました。

何度か注意もしました。その度にミオちゃんは大粒の涙をこぼして「ごめんなさい、もうしないよ」と謝るそうです。

でもまたすぐ、お財布から小銭がなくなっているそうです。

(うちは自営だから、小さい頃からミオには寂しい思いをさせた)

親御さんには親御さんなりの、申し訳なさがあるようです。

お金の代わりにカードを入れた

ミオのお母様は、お財布から小銭を抜いてミオちゃん宛のカードを入れてみました。

> ミオへ
>
> このカードを読んででも、おこったりしないから、お母さんのところにきてね。
> いつも、ミオと遊んであげられなくてほんとうにごめんね。
> このカードをもってお母さんのところにきてくれたら、ミオのやりたいことをお母さんといっしょにやろうね。
>
> お母さんより

手にカードを握りしめたミオが、泣きながらわたしのところにきました。そして、

「お母さん、ごめんなさい。もうしないよ」

と言い、わたしの腰に抱き着いてきました。（寂しい思いをさせたんだ）

「いいんだよミオ。きょうは、何もしてないじゃない。カードを持ってきただけでしょ。じゃあ、約束どおり、ミオは何して遊びたい？」

「いいの…」

「うん。きょうはミオと遊ぶ日」

「じゃあ、トランプ！ババ抜きがいい。お母さんがババね」

「こらっ、お母さんはババじゃない」

（ふたりの笑い声）

こうして、ふたりはトランプを始めました。ミオの眼は輝いています。1時間ほどすると、

「もういい。ああ、楽しかった。お母さん、また入れておいてね」

とミオが言いました。

お母さんは、ミオが部屋にいった後、思い切り泣きました。

お金を持ち出さなくなった！

この日から何度か続けてカードを入れました。そして、ミオと思い切り楽しく遊びました。

あるとき、お財布を開けると、ミオからの手紙が入っていました。そこには、

お母さんへ

ミオと遊んでくれてありがとう。
ミオはとてもうれしかったです。
ミオはお母さんが大好きです。
もう、お金をとったりしないよ。
さいごにミオのおねがい
また、あそびたくなったらあそんでね。
ミオより

このお手紙をもらってから、お財布からお金が持ち出されることはなくなりました。

お金がなくなるのは物が欲しいからではない心理的な裏返しがある場合があります。

それは寂しさとか、注目してほしいからお金を持ち出すという心理もあるのです。

また、子どもの前で「お金」の話はあまりしないようにしてください。

「お金がない」「お金がないからダメ」ではなく物を欲しがったときは余裕があれば「一番好きなものを買いなさい」といいます。

ない場合は「きょうは予算がないからダメだよ」といって、我慢してくれたことを「予算が少ないって知って我慢できるってすごいね。○○はお金持ちになるよ」とかほめポイントに変換してしまいます。

6　お手伝いをまったくしない子ども

フミオ（仮名）のケース

「お母さん、ご飯まだ？」

「いま帰ってきたばかりだからちょっと待ってよ。少しは手伝ってよ！」

「おれ、いま宿題で忙しいんだよ」

「何言ってんの。テレビ見てるだけじゃないの！」


フミオが手伝ってくれた！


パートから戻って、夕食の準備を始めると寒気がしました。おでこを触ってみると熱が出ているのがわかりました。冷凍庫から氷まくらを出し、毛布を持ってきてソファで横になりました。

「さむ～」

気がついたフミオは、

「どうしたの？」

「風邪かな…熱が出てきたみたい。ちょっと休んだらご飯つくるから、待ってて」

「うん」

しかし、そのまま寝込んでしまいました。

「お母さん」と呼ばれる声で目が覚めました。

「ちょっと寝ちゃった」と言うと、フミオが「お椀とか出しといたよ」と言って、またテレビを見始めました。食卓には、家族分の食器やお箸、ラップに包まれたおかずも並べられていました。


ほめポイント!


お母さんは、さてと起き上がり、だるい身体を引きずるようにして続きを始めました。そのとき、ふと（フミオはわたしを心配してやってくれたんだ。いいとこあるな）と思いました。

「フミオ」

「なに？」

「フミオが並べてくれて、お母さん、助かったよ。ありがとう。（フミオはちゃんと手伝ってくれるスゴイ力があるんだね。お母さん感動しちゃった……をプラスするとさらにグー）」

と言いました。

「じゃあ、お小遣いアップかな！笑」（このぉ、調子いいんだから）

「う〜ん、それは、お父さんと相談しとくね」

お父さんのダメ押しほめポイント

夕食の時刻になりました

「ただいま」とお父さんが帰ってきました。

「お父さん。きょうの夕食、何か気がつかない？」

「ええ…俺のが丼ぶり飯だとか」

「違う」

「ええ？　味噌汁に味噌が入ってないとか」

「もう」

フミオも妹さんも、家族みんなで大笑いしました。

どうやら、フミオのひょうきんさも、お父さんに似ているのです。

「きょうね、フミオがお椀やお箸を運んでくれたのよ。お手伝いしてくれたんです」

「なに？　フミオが家や車を運んだ」

「ふざけないで！」

「すいません」

またもや、大爆笑。

それまでふざけていたお父様が、ちょっとまじめな顔になり、

「フミオ。お前はお手伝いができるようになったんだな。偉い」

ゴオオオオオオオオオーーーーール！　です。

まさに家族の関係性が１つよくなった瞬間です。

7　部屋をまったく片づけない子ども

シュンくんのケース

「シュン（仮名）くんは、計算ミスも少なく、文字もていねいで几帳面ですね」

（計算ができる。字もきれい。几帳面？　部屋は散らかり放題なのに）

シュンの親御さんには、シュンの部屋の光景がまざまざと頭に浮かんでいました。

親御さんは、担任の先生に（確認のために）訊いてみました。

「シュンは、学校では身の回りの整頓とかできますか」

「ええ。机の中もきちんと整頓していますよ」

（そうなんだ）

「自分の部屋の中はぐっちゃぐちゃですよ」

「あのシュンくんがですか。信じられないです」

（私のほうが信じられないわ！）

学校ではきちんとしている

自宅に戻って、さっそく息子に訊いてみました。

「きょう、先生にほめられたよ。計算ミスが少ないし、字がきれいだって。あと…机の中とかがきちんと整頓してあるって！」

「やったぁ」

「お母さん、信じられないよ。部屋そうじしたの？　ぐっちゃぐちゃじゃない」

「家はいいんだよ。学校だと、ちゃんとしてないと怒られるもん」

「シュンは、先生に怒られるから整頓してんのか」

「だって、怖いもん」


服をたたんでいた！


「先生が怖いから片付けたのか……」

お母さんは、しばらく考えて、干したものを取り入れるためにバルコニーに行きました。お母さんはは部屋の中に洗濯物を取り込むときに、家族それぞれに分けて山をつくります。後でたたんでしまうときに、分けなくて済むからです。

「ねぇ、シュン。あした体育があるんでしょ。体操服を持っていかないと」

シュンが体操着袋を持ってバルコニーに上がってきました。そして、自分の山から乾きたての体操服を選びだして、きれいにたたみ始めたのです。

（これだ！　ほめポイントだ）

シュンがたたみ終わるのを待って、お母さんは声をかけました。

「シュン」

「なに？」

「シュンは、部屋の片づけもできない子だと思っていたけど、お母さんの間違いだった。ごめんね。だってシュンは、自分の体操服をぐちゃぐちゃに袋に入れないで、きれいにたたんで入れていたんだもん。偉いね、シュン」

部屋も少し片づけたよ

夕食の後、シュンはすぐに部屋に行ってしまいました。

何やら音はしますが、何をしているのかはわかりません。やがて、部屋から出てきたシュンは、

「少し片づけたよ」

と照れながら言いました。

「凄い！、シュン」

（ＯＫメッセージで出てきた芽に水分・栄養を！）

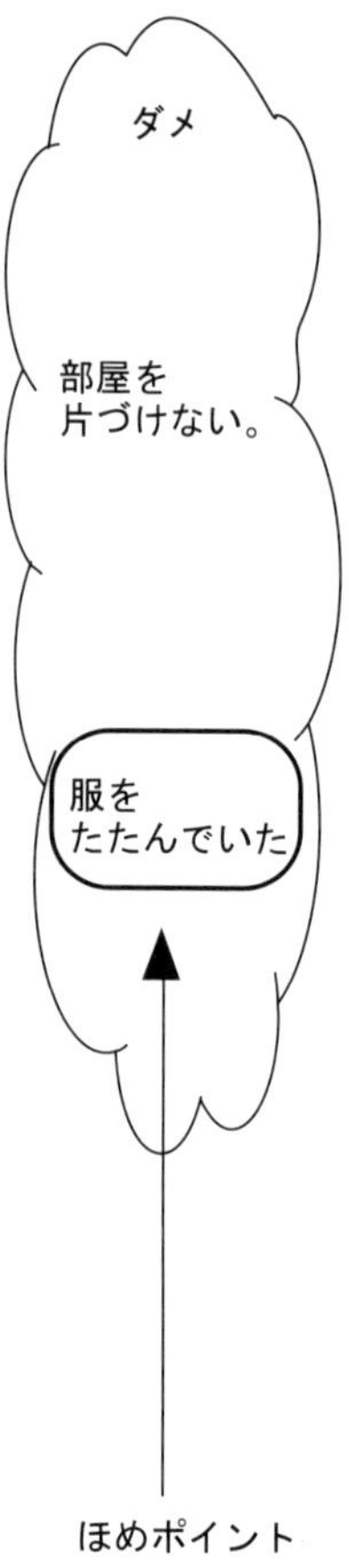
ダメ
部屋を
片づけない。
服を
たたんでいた
ほめポイント

8　ゲームをしてばかりで寝ようとしない子どものケース

父親の役割

私は父親の役割は、家族の大きな枠組みを崩さないことだと考えています。あまり細かいことに口を出さずに、次のようなことに目を配れると家族にとって良い効果があります。

・朝、決まった時間に起きる
・決まった時間にご飯を食べる
・夜早めに寝る。

父親は子どもの社会性の構築に重要な役割があります。ある意味、家族のルールをつかさどる役割です。しかし、細かいことまでは言わずに、大枠を観るのがポイントです。できない場合も怒らないようにしましょう。

子どもができないときはお母さんとチームプレイでほめポイントで改善させてゆきます。

ゲームに熱中、朝は起きれない

朝、決まった時間にご飯を食べるには、決まった時間に起きなくてはなりません。

そのためには、睡眠時間をある程度たっぷりとる必要があります。

しかし、ゲーム機には、

「だいぶ長時間やっております。睡眠時間が減り、明日の朝起きられなくなる恐れがありますから、申し訳ありませんが、自主的に電源を切らせていただきます。(電源が落ちる)」

というような機能はついていませんよね。

健康についての注意や警告はとりあえず出ますが・・・。

そこで、お父さんの出番です。「もう止めなさい」ときっぱり言えるといいです。

「はい。きょうは終わり」—それだけでいいんです。

ゲーム時間は家族で相談

ところが、「もう止めなさい」と言っても、平気で続けているお子さんもいます。

シュンスケ(仮名)もその1人でした。お父様が注意をされても、知らんぷりでやり続けています。

この問題は、やはり1度は家族みんなでゲーム時間について話し合いをされたほうがいいのです。大人が一方的に決めて、それを守れというのでは説得力が薄くなります。

この家族会議の目的は、家族の健康維持と学校生活に困らないようにするためです。

それには、①決まった時間に起きる→②決まった時間にご飯を食べる(朝食抜きのお子さんが多い)→③睡眠時間をたっぷりとる(朝から眠い顔をしているお子さんは本当に多いです)が大切です。

これらを確認したあとで、お父様から、

「6時半に起きるんだったら、何時に寝たらいいかな？」と問いかけます。

ここで十分、親子の意見をすり合わせて「わが家の睡眠目標」を作成できるといいですね。仕事によっては親御さんは夜中の仕事の場合もありますので、家族で違いはありますが。そのときは、子供のルールが自分たちでつくれるようになるとベストです。

まず、ルールを自分でつくることで、その中のできていない部分に「ほめポイント」を発見する機会が増えます。

起きた時間、睡眠時間の記録

家族会議を開き目標は決めたが、次の日から何も変わらないでは困ります。

ここは、少々たいへんですが、皆さんで振り返るために、しばらく記録をつけましょう。
・何時に寝たか
・睡眠時間
・何時に起きたか
・朝食は食べたか

目標に近づいたら評価する

ある程度記録がたまったら、目標に少しでも近づいている部分を評価しましょう。

「シュンスケ、この日は睡眠時間が多くなってるな。早く起きてるし、しっかり朝ご飯も食べてる。凄いね」
「ずっとダメだったから、前の日に早く寝たんだよ」
「ゲームはしなかったのか」
「したけど、30分くらいでやめた」
「それは凄い！　自分でゲーム時間を決められる力があるんだね！　スゴイ！」

《コラム　イクメンのほめポイント》

完璧である必要はない！

子育ては、お仕事とは違って、期日までにきっちりとミスなくやらねばならない、というわけではありません。

また、あなたが理想的な子育てができたと思われても、あなたの思うとおりに子どもさんが育ってくれないこともあります。

子育てデビューしたてのイクメンは、その辺りの割り切りができずに（なんでうまくいかないんだ）と悩まれる方が多いのです。会社で仕事して結果を出してきた人ほど、１００点思考になります。

「なんで、うまくいかないんだ」

うまくいかないのは「当たり前」のことなのです。

完璧でなくてもいい。子育てに完璧なんてありません。

それより、子どもさんを観察する精度や変化の捉え方を細かくしてゆきます。

その一番いい方法は「ほめポイント発見法」です。

子どもにスゴイと伝えたいことを見つけようとすると、すごく細かい部分まで観察できるようになります。子どもすら気づいていない「ほめポイント」をたくさん見つけられるようになります。

あなたも子どもさんも、理想的な子どもである必要はありません。

子どもというのは、本書に書いたケースのようなお子さんが普通のお子さんなのです。

本書で書いたほめポイントのように、ほんの少しでもできたら、

「凄いね」

と声をかけてあげましょう。その意識は子どもさんに十分伝わり始めます。

すると、子ども自身が自分で積極的にお手伝いしてくれたり、勉強をはじめたり。いろいろ話をしてくれたりするようになります。

「うちの子はこれこれこういうふうな子どもにしよう」とはあまり思わないようにしてください。

あなたが、足し算引き算㊙テクの発明者

自分のお子さんの問題点が気になってあれこれやっていても、少しも解決に向かわないこともあります。それは、効果がない（と証明された）方法を繰り返している可能性があります。

そのときこそ、イクメンであるあなたの出番です。

お仕事や、幅広い人間関係で養われた柔軟性を活かし、解決に至らなかった悪循環にあなたなりのスーパー㊙テクで挑戦してみてください。変化をあたえるのです。

子育ては「こうあらねばならない」というような教科書があるわけではありません。

それぞれのお家で、あなたや奥様が工夫や試行錯誤を繰り返して「わが家の㊙テク」や「ほめポイント」をつくりだしてみてください。

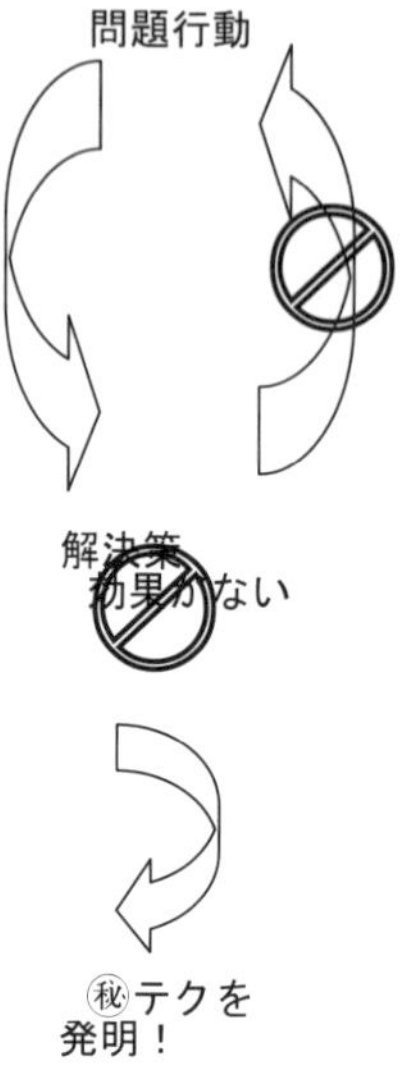

イクメン・ネットワーク

イクメンデビューはしたものの、時の経過とともに感じるのが世の中からの疎外感です。

自分は社会から取り残されてしまうのではないかと感じるようになり、誰かと話したいなと思ってみたら、まわりはママさん達ばかりというのがいまの現状でもあります。

男性の育児参加も増えていますが、まだまた圧倒的にママさん達が多いのが現実です。

でも、否定的になる必要はありません。

そういうときは、イクメンネットワークなどを通じて他の多くの仲間と悩みやストレスを共有してみてはいかがでしょうか。

現にママさん達も、ネットを通じて沢山の方と交流されているようです。

担任の言葉にあまり左右されない

　これから、授業参観や懇談会、個人面談に出席して、担任の先生とお会いする機会も増えていきます。そして、

「あなたのお子さんは、少し乱暴なところがあります」

「他の子と比べて、やや遅れているところがあります」

等と直接言われる方もいらっしゃるかもしれません。

　そのときはほめポイントを思い出してください。

「よし！　ほめポイント実践だ！」

その瞬間、あなたはスーパー・イクメン・パパなのです。

決して、気落ちしたり、その場で激怒したり、自宅に戻って子どもさんにあたってはいけません。お母さんが怒るのとお父さんの怒るのは質が違います。

子どもにとって大人の男性は怖い存在でもあるのです。ですから、私も「怖い先生」「すぐ怒る」と子供から恐れられてしまっていたのです。

　本書を読まれたあなたは、一見「ダメなところ」と言われるところにこそ「ほめポイント」があるということはもうおわかりのはずです。

　ひょっとしたら「よぉぉし！　ほめポイントやったるで！」と燃えているかもしれませんね。

まずは実践してみてください。

私も応援しています。

子育て無料相談も実施していますので、いつでもご相談ください。

「斉藤正志教育事務所」で検索すると私のサイトが出てきます。

　無料相談はいつでも受け付けています。

　あなたのご相談を楽しみにしています。

ほめポイント実践報告

40代小学6年の女子児童の父親

「ほめポイント法」を知ったとき「はやく教えてくれ！」と嘆きました。ほめポイントを聞いたとき、私の背中から脂汗がにじみ出してきました。同時に、子どもを大枠で観てたなと反省しました。もっとよく観てほめポイントを沢山つくってあげようと思い、早速、実践しています。

本当にいい方法です。娘に実践しましたが、いつも食事の手伝いをせずにテレビを観ていた娘はニヤニヤしながら、食事の手伝いをしてくれてましたよ。これからも活用させていただきます。後輩にもさっそく、教えてしまいました。皆さんに配りたいいい方法です。

仕事でも部下に活用できるなと思いました。

ちなみに私は怖い先輩、上司だと恐れられています（苦笑）。

齋藤先生、本当に良い方法をありがとうございます！

40代小学5年の男子児童の母親

うちの息子はいつも学校で問題を起こして来ます。「またか！」と頭に血がのぼるのと同時に、

「もっとちゃんと見ててよ」と担任に対する怒りも湧きます。

でも、少し冷静になってみると、自分の育て方が悪かったのかと思ったりします。

「ほめポイント法」を知ったとき、正直、目からウロコがごそっと落ちました。うちの息子も問題を起こすってことは、それだけ、ほめポイントがあるってことなんだ！　気づいたときに、息子の見方が変わりました。

さっそく宿題のことで実践してみました。なんと、5年間解決しなかったことが、たった一言で、息子が宿題をやるようになったときは鳥肌がたちました。涙が出ましたね。

30代小学2年の女子児童の母親

「ほめポイント法」を知ったとき、「何で問題の原因を考えないんだ！」と、ある意味衝撃を受けました。

問題は何だって原因があるから結果があります。原因をつかんでこそ、解決の糸口がつかめるってものだと思うのが一般的だと思います。

しかし、ほめポイント法では、その原因探しをしません。だけど、問題は解決してしまう。不思議でなりませんでした。確かに、（原因を探して）家庭環境が複雑であるとわかっても、それを変えるってなかなかできないことだと思います。

娘が夏休み明けに「学校に行きたくない」って言い出したことがありました。いま思えば、「ほめポイント法」を知っていてよかったとつくづく思いました。気が短い私が学校に怒鳴りこまずに、いま娘はこうなんですってていねいに話すことができました。

かなり頑張りました。そしたら、先生達も親身になって話をきいてくれました。

娘にもよくしてくれて、おかげ様で、1週間で登校できるようになったのです。

聞けば、担任ともめてぐちゃぐちゃになっているクラスもあるらしいですが、私、そこに行って「ほめポイント」を教えてあげたいぐらいですね。

20代小学校の男性教員

クラスに不登校の児童がいて、どうしたら解決できるかと、いろいろな文献を読みました。しかし、原因や当人の性格などケースによってアプローチの仕方はいろいろ。そんなこと、わかっているよ！　俺のクラスの子の不登校をどうにかなおしたいんだ！　結局自分のケースの解決の糸口は見つかりませんでした。

そんなとき、先輩から「ほめポイント法」を紹介してもらったのです。ほめポイントの話を聞いた瞬間、光が見えてきた感じがしました。

ありきたりの方法にとらわれなくていいんだ。何でもいいからやってみよう。そんな気持ちになってきたとき、不登校の児童が犬を飼いはじめたという情報を聞きました。

これはチャンス！　実は、私も家で愛犬を飼ってます。さっそく、㊙テクのオリジナル自分版をつくり。小さい変化を起こそうと思いました。

そして、毎日、犬の話題のお手紙を届けてもらいました。すると、なんと！　なんと！　不登校の児童から返事がくるようになりました。

そして！　ついに登校してくれたんです。涙が出ましたよ。理由が感動でした。

「先生と犬の話がしたい」

本当に齋藤先生に感謝します！　涙流しながら書いてますからね。これ「ほめポイント法」は親御さんだけでなく、絶対に先生達こそ知っていたほうがいいと思います。いま私は、すっかりほめポイント伝道者になってしまいました。

30代小学1年男子児童の父親

いま「男も育児参加」の風潮があります。カミサンからも、その辺りをちょくちょくつつかれます。「今度の懇談会、パパが出てね」とか言われると（えええええ～）と思ってしまいます。

そんなとき、「ほめポイント法」を知りました。なあんだ、こんなことでいいんだ。遊ぶんだったら得意だぜ、とか思いました。それまでは、何か教育的にかかわって遊ばなければならないのかって、気が重くなっていました。

でも、一緒に童心に帰って遊べばいいんだって知ったら、とても楽になれて自分も楽しむことができました。この前、体育館に行って息子と本気でバドミントンをしてきました。体中、汗びっしょり。終わった後、息子とふたりで飲んだジュースがおいしかったです。

「うめ～」

私と息子で同時に感動しました。

「イクメンでないと、ダメパパ」

みたいに思っているみなさん！　私と同じように、気楽にいきましょうよ。

30代小学4年生女子児童の父親

平日は帰宅時間が遅くて、ほとんど娘と触れ合えません。妻からも、もっと係ってほしいみたいなことを言われたりして、ちょっと罪の意識みたいなものを感じていました。

そして、休みのときに娘にたっぷりほめポイントを伝えました。いままでは、そんなことを考えたこともないんですよ。

「ほめポイント法」に出会って、さっそく妻に「きょう、何かあった？」と聞くようにしました。

うれしいことに、父の日に娘からお手紙をもらいました。

「パパ、いつもお仕事ご苦労様。そして、ユカ（仮名）のことを見ていてくれてありがとう」

と書いてありました。

いやあ、うれしかったですよ。

50代小学校の女性教員

私はいままで、年々子ども達が変わってきて難しくなってきたと思っていました。言うことは聞かないし、文句は言うしで呆れていました。

でも、「ほめポイント法」のお話をうかがって、私の頭がいかに固いかがよくわかりました。

私は自分の物差しで子ども達を見て、思い通りでないと叱っていました。これじゃあ、子どもは怖がるし、第一わたしみたいな大人の言うことは聞かないですよね。それが、ようくわかりました。

いまでは何と、休み時間は子ども達と同じ気持ちで遊んでいます。ちょっと前の私からは信じられない出来事ですが、いっしょに遊んで子ども達の笑顔に囲まれていると、教師をやっていてよかったという気持ちがふたたび湧いてきました

40代小学4年男子児童の父親

先日、ほめポイントのセミナーに参加させていただいた山口（仮名）と申します。突然のお便りをお許しください。息子のことでどうしても齋藤先生にお話したくてペンをとりました。うちの息子は学習障害があります。人の話を聞いたり、文章を読んでも理解できません。妻は「この子はおかしいよ」と言うし、担任も「家でもっとみてあげてください」と言っていました。それで、妻といっしょに宿題をみてやったりしてたのですが、全然できないのです。いくら説明しても理解できないみたいなのです。それで、思い切って検査をしてもらうことにしました。そうしたら、学習障害があるという結果が出たのです。正直、目の前が真っ暗になりました。何でうちの子なんだって思いました。どうしたらいいんだ！　悩みました。苦しみました。

そんなとき、妻が齋藤先生のセミナーの話を聞いてきて、「問題のある子ほど、ほめるポイントが沢山あるんだってよ」と言うので、妻といっしょに参加することにしました。

行ってよかった。ほんとうにそう思いました。私は、息子のできないことばかりを見て苦しんでいたのです。「できていることを拾い出しましょう」という言葉に感動しました。そういう視点で息子をみてみたら〝息子なりに理解しようとしていること〟に気づきました。このことを、どうしても齋藤先生に伝えたかったのです。ありがとうございました。

「子供が元気になった！」「教室が変わった！」「子育てが楽しくなった！」あなたの実践報告を楽しみにしています。その声が何よりの喜びです。

40代小学6年男子児童の母親

うちは母子家庭です。6年生の息子とふたりで暮らしています。その息子ですが、言うことを聞くきかなくて困ります。ゲームばかりしているし、お金を持ち出します。家の手伝いも何もしません。わたしは体が悪いので、いま薬を飲んでいます。こんな体ですから、ちゃんとした仕事ができないので、内職をしていてお金がありません。それなのに、息子はお金をくれくれと言います。どうしたらいいいか、いろんな人に相談しました。

でも、息子は変わりません。知り合いの人から齋藤先生のことを聞き、セミナーに参加してみました。先生はお手伝いのことを話していましたが、そのとき（そういえば、うちの息子も手伝ってくれるときがあるな）と思いだしました。家に帰って、息子をほめました。そしたら、お手伝いをいっぱいしてくれるようになりました。助かっています。

あとがき

本書を書き終えたとき、私の恩師である細川秀子先生のお顔を思い出して、懐かしさで胸がいっぱいになりました。細川先生には、小学6年のときにお世話になりました。落ち着かない・勉強が出来ない・他の子にちょっかいを出す…そんな問題だらけの私を、先生はいつも温かい眼差しで見守ってくださいました。

少しでも私が頑張っていると、「齋藤くん、えらいね」と声をかけて下さいました（ほめポイント）。後年、私が教師の道を選んだのも、細川先生のようになりたい、という気持ちがあったからだと思います。この場をかりて、あらためて感謝の気持ちを申し上げます。

ところが、教師になった私は、ご存知のとおりの「怒ってばかりのダメ先生」でした。こうして、ほめポイントを書き終えてみて、少しは細川先生に近づくことができたのかなと内心は思っていますが、「齋藤くん、まだまだね」と言われそうです。（笑）

さて、「いじめ」「体罰」で自ら命を絶つという痛ましい出来事が起こって以来、

・子どもを育てるとは、どういうことなのか

という問いが、日本中の大人に向けて発せられていると私は感じています。

体にものを言わせる指導、ダメなところを叱って矯正する指導、追いつめる指導、やればできる論…これらの一昔前の子育て論は、いまの子ども達には合わなくなってきているのかもしれませんね。

本書の子育て論は、ほめて育てる論に似ていますが、ダメなことのなかから例外を拾い出してほめる点が違います。そこを評価されて励まされたお子さんは、自信を回復して自ら道を切り拓いていくようになります。

序章でも紹介しましたが、自信があるお子さんは、

・自分らしさを持っている
・失敗しても立ち直りが早い
・ピンチに強い

更に、

・逆境に強い
・いじめに屈することが少ない
・悪い仲間の誘いを断ることができる　などなど

があります。

最後の3つはとても大切ですね。まさに、社会問題になっている「いじめ」に対する1つの解答でもあります。自信をもって自分らしく生きている子どもさんは、いじめに屈することも少なく、いじめの誘いを断ることができるのです。

本書が子ども達の自信と誇りを回復する手助けになってくれれば幸いです。私も心から応援しています。

参考文献

ミルトン・エリクソン入門／ウィリアム・ハドソン・オハンロン／金剛出版
学校で役立つブリーフセラピー／J・J・マーフィー、B・L・ダンカン／金剛出版
ブリーフセラピーを生かした学校カウンセリングの実際／栗原慎二／ほんの森社
よくわかる！短期療法ガイドブック／若島孔文、長谷川啓三／金剛出版
子どもの心の病気がわかる本／市川宏伸監修／講談社
広汎性発達障害の子どもと医療／市川宏伸／かもがわ出版
不登校・ひきこもりの心がわかる本／磯部潮監修／講談社
最新「ADHD」対処法／榊原洋一／講談社
アスペルガー症候群との接し方／榊原洋一／講談社
最新「LD（学習障害）」の子育て法／上野一彦／講談社
コンプレックス／河合隼雄／岩波新書
構成的グループ・エンカウンターの原理と進め方／國分康孝、片野智治／誠信書房
自分の気持ちをきちんと＜伝える＞技術／平木典子／PHP

著者略歴

齋藤 正志（さいとう　まさし）

１９５８年、長野県下高井郡木島平村生まれ。
現在は埼玉県八潮市在住。
文教大学教育学部卒業後、公立小学校の教員を25年間勤める。2007年より、心理カウンセラー・セミナー講師の活動をはじめ、飾らない話しぶりで会場を和ませる講師スタイルには定評がある。齋藤正志教育事務所を開設し、子供の伸ばし方相談所、いじめの悩み相談所を運営。併せて、成人の心理カウンセリングも継続中。著書に『学校で生かす解決志向アプローチー教師の「問題解決力」ＵＰ Ｑ＆Ａ 10のヒントー』（東京メンタルヘルス出版部）全心連公認 上級プロフェッショナル心理カウンセラー、上級教育カウンセラー。

齋藤正志教育事務所　http://4152.biz
メール　info@4152.biz
電話＆ＦＡＸ：048—947—5837

子育てがみるみる楽しくなる魔法の「ほめポイント」

2013年3月19日初版発行　　2013年4月16日第2刷発行

著　者　齋藤　正志　©Masashi Saito
発行人　森　　忠順
発行所　株式会社 セルバ出版
〒113-0034
東京都文京区湯島1丁目12番6号 高関ビル5B
☎ 03（5812）1178　FAX 03（5812）1188
http://www.seluba.co.jp/
発　売　株式会社 創英社／三省堂書店
〒101-0051
東京都千代田区神田神保町1丁目1番地
☎ 03（3291）2295　FAX 03（3292）7687

印刷・製本　モリモト印刷株式会社

Printed in JAPAN
ISBN978-4-86367-107-2